"十三五"高职院校财经精品系列教材

智慧旅游：认知与实践

主　编◎郑忠阳
副主编◎陆　静　郑叶子

本书提供丰富的教学资源

- 典型实例深入剖析
- 重点难点全面突破
- 理实一体岗位对接
- 各项技能全盘掌握

西南财经大学出版社
Southwestern University of Finance & Economics Press
中国·成都

图书在版编目(CIP)数据

智慧旅游:认知与实践/郑忠阳主编;陆静,郑叶子副主编.—成都:西南财经大学出版社,2022.9
ISBN 978-7-5504-5433-0

Ⅰ.①智… Ⅱ.①郑…②陆…③郑… Ⅲ.①旅游经济—经济管理—研究
Ⅳ.①F590

中国版本图书馆 CIP 数据核字(2022)第 125833 号

智慧旅游:认知与实践
主　编　郑忠阳
副主编　陆　静　郑叶子

责任编辑:杨婧颖
责任校对:高小田
封面设计:何东琳设计工作室　张姗姗
责任印制:朱曼丽

出版发行	西南财经大学出版社(四川省成都市光华村街 55 号)
网　　址	http://cbs.swufe.edu.cn
电子邮件	bookcj@swufe.edu.cn
邮政编码	610074
电　　话	028-87353785
照　　排	四川胜翔数码印务设计有限公司
印　　刷	郫县犀浦印刷厂
成品尺寸	185 mm×260 mm
印　　张	9.75
字　　数	216 千字
版　　次	2022 年 9 月第 1 版
印　　次	2022 年 9 月第 1 次印刷
印　　数	1— 2000 册
书　　号	ISBN 978-7-5504-5433-0
定　　价	29.80 元

前言

QIANYAN

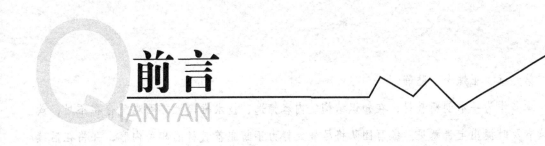

智慧旅游是旅游业发展的大方向，近几年在互联网科技的推动下有了长足发展。尤其是在新冠疫情的影响下，旅游业寻求突破，与智慧旅游相关的技术层出不穷，技术应用日渐广泛。本书为探索旅游类职业教育的新发展而编写，适用于职业教育旅游大类专业，也可以作为国家高职专业目录中的新专业——智慧旅游技术应用专业的核心课程的教材。历时一年的编写，经过多方论证研究，本书力求从广义的智慧旅游角度，为职业教育提供一种认知性引领；从技术应用的角度为职业院校学生提供实用的智慧旅游技术内容。

本书由广西国际商务职业技术学院的郑忠阳主编。郑忠阳负责全书的整体设计，确定全书的知识体系和技能训练体系，以及最后的审校工作。广西国际商务职业技术学院的陆静和广西物流职业技术学院的郑叶子担任副主编。陆静负责本书的内容组织与知识系统审校，全书统稿并参与部分章节的编写。郑叶子负责本书的技能训练内容和技术体系的审校，并参与部分章节的编写。

其他参编者还有：广西南宁市微谋科技有限公司的兰婷；广西职业师范学院的王姝含；广西国际商务职业技术学院的宋赵榛、岑人宁、苏毅、张宇琨、刘宝玲、於春毅；广西北投口岸投资集团有限公司的黄雅琦，黑龙江旅游职业技术学院的张春华。教材编写的具体分工如下：

第一章　张宇琨、岑人宁

第二章　张春华、於春毅

第三章　宋赵榛、郑叶子

第四章　陆静、苏毅

第五章　兰婷、陆静

第六章　刘宝玲、郑忠阳

第七章　陆静、黄雅琦

第八章　陆静、郑叶子

第九章　王姝含、陆静

本书作为一本创新教材，在知识结构、内容筛选、技术准确性方面难免存在不足，欢迎读者及时提出宝贵意见。编写团队将尽最大努力不断完善教材的相关内容，并将在后续通过更新教学资源库、课件等教学资源的形式，完善和丰富相关内容。联系邮箱：11454460@qq.com。

编者

2022 年 6 月

目录

MULU

第一篇　基础篇

第二篇　技术篇

第三篇　应用篇

基础篇

第一章 智慧旅游认知

第一节 你身边的智慧旅游现象

随着生活水平的提高，人们对旅游休闲活动的需求不断增加。中华人民共和国文化和旅游部的统计数据显示，新冠疫情出现前的2019年，旅游经济发展速度继续保持高于GDP增速的较快增长。国内旅游市场和出境旅游市场份额稳步增长，入境旅游市场基础更加稳固。国内旅游人数为60.06亿人次，比上年同期增长8.4%；入出境旅游总人数为3.0亿人次，同比增长3.1%；全年实现旅游总收入6.63万亿元，同比增长11%。而这一发展中，互联网对旅游产业的贡献功不可没，尤其是旅游电子商务的发展，大大提高了旅游出行的便利性和游客的选择效率。互联网让旅游活动因为信息技术而发生革命性的变化，智慧旅游的概念应运而生。早在2000年12月5日，戈登·菲利普斯（S. Gordon Phillips）在加拿大旅游业协会演讲时，就将“智慧旅游”定义为简单地采取全面的、长期的、可持续方式来进行规划、开发、营销旅游产品和经营旅游业务的活动。2012年，美国圣十字学院助理教授莫尔扎（Molz）提出，智慧旅游是使用移动数字连接技术创造更智慧、有意义和可持续的游客与城市之间的关联。西方业界人士和学者对智慧旅游的理解与中国有所不同，这反映出智慧旅游并不是一个严格的学术概念，而是基于行业实践及科技发展而形成的新发展理念，从不同的角度理解智慧旅游并付诸实践，就会有不同的效果呈现。

中国的智慧旅游是在智慧城市的基础上发展而来的，其前期的发展历程有四个阶段：1996年，国家旅游局成立信息中心被视为国内智慧旅游的第一个阶段；2000年，国家旅游局启动“金旅工程”，可以看作智慧旅游发展历程的第二个阶段；2006年，中华人民共和国科技部启动“数字旅游”建设，是智慧旅游发展历程的第三个阶段；从2011年国家旅游局提出“智慧旅游未来十年目标”开始至今，是智慧旅游的全面建设阶段，也就是第四个阶段。国家旅游局将2014年定为“智慧旅游年”，可见智慧旅游已成为目前旅游业发展的重点课题。智慧旅游不是简单地将信息技术应用到旅游业，而是通过大数据、云计算、物联网、人工智能、虚拟现实等智能手段，以电子设备为媒介，实时地感知旅游者数据和有针对性地发布旅游资源等，从而方便旅游企业进行智能服务和管理。它的本质是为了满足游客的个性化需求、提升游客旅游体验感受，为旅游企业创造更高效的价值。

一、智慧旅游概述

（一）智慧旅游认知

在大数据时代，智慧旅游成为旅游业发展和转型的新目标。在这一背景下，研究智慧旅游对游客旅游体验的影响有利于更好地满足游客的个性化需求，从而提升其旅游体验感。文旅融合的产业趋势以及全域旅游的发展，也让智慧旅游呈现更加丰富的形态。在正式讲解智慧旅游之前，我们先了解一下相关的概念。

1. 智慧地球

2009 年 1 月 28 日，美国总统奥巴马在上任后的第九天，召开了首次与工商界代表的会谈。当时的 IBM 总裁彭明盛向奥巴马提到了“智慧地球”的概念。

2009 年 2 月 11 日，在上海召开的“2009 年 CIO[①] 领导力交流大会”上，彭明盛做了题为“智慧地球”的主题演讲，首次正式提出了“智慧地球”的概念。

“智慧地球”的核心是“智慧”，即采用一种更智慧的方法。人们利用新一代信息技术来改变政府、企业和人们交互的方式，以提高交互的明确性、效率、灵活性和响应速度。如今，信息基础架构与高度整合的基础设施的完美结合，帮助政府、企业和市民做出更明智的决策。

2. 智慧城市

智慧城市是指充分借助物联网、传感网，把握新一轮科技创新革命和信息产业浪潮的重大机遇，充分发挥信息通信（ICT）产业发达、射频识别技术（RFID）相关技术领先、电信业务及信息化基础设施优良等优势，通过建设 ICT 基础设施和认证、安全等平台及示范工程，加快产业关键技术攻关，构建城市发展的智慧环境，形成基于海量信息和智能技术的新的生活、产业发展、社会管理等模式，面向未来构建全新的城市形态。

智慧城市涉及智能楼宇、智能家居、路网监控、智能医院、城市生命线管理、食品药品管理、票证管理、家庭护理、个人健康与数字生活等诸多领域。

随着国内经济转型需求的日益高涨，文化旅游这一绿色产业逐渐成为各城市争相追逐的新的利润增长点。其中，服务质量是旅游产业核心竞争力之一。如何利用当前先进的智能化技术提高服务质量、助力旅游产业的发展，是智慧城市实践应用的一个重要课题。图 1-1 为智慧城市全景图。

---

① CIO 指首席信息官。

图 1-1　智慧城市全景图

根据上述内容，我们可以将智慧旅游理解为智慧地球及智慧城市的一部分和在文旅领域的专项拓展。智慧旅游的核心内容是要能够解决旅游发展中出现的新问题，满足旅游发展中的新需求，实践旅游发展中的新思路及新理念。为此，智慧旅游的建设目的集中于三个层面，如图 1-2 所示。

图 1-2　智慧旅游建设目的的三个层面

（1）满足游客的个性化需求。提供更加便利快捷、智能化、个性化、信息化的服务。

（2）实现旅游公共服务与公共管理的无缝衔接，为科学、合理的管理决策服务。

（3）为企业提供服务。基于云计算的智慧旅游平台向中小旅游企业提供服务，为其节省信息化建设投资与运营成本，是旅游中小企业进行智慧旅游集约化建设的最佳方式。

（二）智慧旅游的定义与内涵

1. 智慧旅游的定义

目前关于智慧旅游没有明确的定义，常见的解释有以下几种：

第一种：智慧旅游是物联网、云计算、下一代通信网络、高性能信息处理、智能数据挖掘等技术在旅游体验、产业发展、行政管理等方面的应用，它使旅游物理资源和信息资源得到高度系统化整合和深度开发激活，服务于公众、企业、政府等个人或组织，是一种面向未来的全新的旅游形态。

第二种：智慧旅游是基于新一代的信息通信技术（ICT）集成，为满足游客的个性化需求，提供高品质、高满意度服务，为实现旅游资源及社会资源的共享与有效利用的系统化、集约化的变革。

第三种：智慧旅游就是利用云计算、物联网等新技术，通过互联网、无线网络，借助便携的终端设备，实现各类旅游信息的自动感知、及时传送和挖掘分析，增强游客在食、住、行、游、购、娱等旅游活动中的自主性、互动性，为游客带来超出预期的旅游体验和无处不在的旅游服务。

理解这些定义不同侧重点的同时，我们要注意到技术不能代替人类智慧成为智慧旅游的核心内容，技术应用也不能代替智慧应用，业务分析才是智慧旅游的主要工作。技术应用的目标、方式与效率受到其社会存在与业务环境的制约，我们需要理性地看待技术与智慧旅游的关系。

随着信息技术的发展和应用，旅游业出现了两个基本的变化。第一，信息的获取更加全面、充分、及时、廉价；第二，处理信息的手段更加丰富、多样、普遍、有效。这些变化使得人们在旅游过程中，可以低成本地使用信息技术和工具为旅游决策服务，游客在旅行过程中面临多种可选方案，可以运用智慧技术辅助旅行者进行更加明智的判断和更加有效的选择，从而使得旅游决策更经济、更有效。正是基于智慧在旅游过程中的基本作用得到了改变和加强，我们才能说旅游更加智慧了。脱离了智慧技术和智慧设备的应用，智慧旅游就无从谈起。

智慧旅游和传统旅游的区别在于智慧带来了旅游方式的变化。智慧技术和智慧设备在旅游过程中得以应用，并逐渐占据了重要地位，因此也成为智慧旅游的基本动作手段。从理性选择角度来讲，智慧旅游中的智慧，就是在旅游主体在面对多种可能性方案时，能够辅助旅行者进行更加有效的选择，或者说可以进行更优的决策。所以，从本质上看，智慧旅游就是一种能够使得旅游主体进行更加合理选择、更加简便获得服务的新旅游业态。

智慧技术和智慧设备，则是智慧产生和应用的基础和载体，模式变革是智慧旅游所表现的形式变化，效果是实现了智慧的和便捷的旅行。

2. 智慧旅游的内涵

智慧旅游的内涵，一般包含三方面的内容，即个性化的游客体验，新一代的通信与信息智能技术，完善的公共智慧服务。

（1）个性化的游客体验。

实现个性化的游客体验，可以从旅游者与旅游服务提供商两个方面来理解。对游客而言，智慧旅游就是借助智慧系统，通过互联网，借助便携的上网终端等感知体系，达到旅游前、旅游中、旅游后都能主动感知旅游资源、旅游经济、旅游活动等方面的信息，提升游客在食、住、行、游、购、娱各个旅游环节中获得的附加值，为游客带来超出预期的完美旅游体验。例如，游客通过网络可以了解到旅游目的地实时状况，从而更合理地规划旅游的线路，预订酒店、机票、车票等，在出发前便已将行程大致安排妥当，降低旅行中的不确定性以及减少游客对游玩、交通、食宿等方面的顾虑。在旅行过程中，游客可以随时了解下一个目的地的天气及客流量等情况，以便决定是否更换景点、改变行程，使旅游变得更加愉快。

对相关政府和旅游企业来说，智慧旅游就是利用智能识别、移动计算、信息融合、云计算等信息技术，通过构建旅游服务平台，实现全面、透彻、精准、便捷和无处不在的旅游信息应用，为游客提供餐饮、交通、住宿、旅游、购物等全方位的旅游服务，提高管理效率。

（2）新一代的通信与信息智能技术。

智慧旅游实现的基础是新一代的通信与信息智能技术。科学的信息组织和呈现形式及智慧设备，让游客方便、快捷地获取旅游信息，帮助游客更好地安排旅游计划，并形成旅游决策。智慧旅游作为一种新兴的旅游发展理念，其本质就是满足游客多元化的信息需求和体验需求，智慧旅游建设的成败也必将以游客的亲身体验和评价判断为根本标准。要获得成功，就应引入新兴技术到智慧旅游系统的建设中，这些对于提升旅游行业形象和服务管理水平具有重要意义，同时也有利于促进旅游企业的管理创新，为旅游服务行业引入全新的可持续发展模式。例如，在新兴通信技术和智慧科技的支持下，智慧旅游还能给游客带来更好的旅游安全保障，虚拟旅游能够给游客带来不一样的旅游体验。

（3）完善的公共智慧服务。

公共的服务平台实现公共基础设施现代化、数据融合和信息共享，是旅游更加“智慧”的基本条件。

在智慧地球和智慧城市的框架下，大数据和云计算得以为旅游业提供全面的数字支持，智慧旅游体系才能通过物联网、射频识别、地理信息系统（GIS）等技术，实现动态采集海量的旅游数据，并通过网络的全面互联，从而实现信息的高效汇聚、处理、分析、共享，如通过对数据进行统计和智能分析，可以实现旅游行业管理的智能化、精细化；通过数据对游客信用进行评估、对服务企业进行评价，提高行业监管水平；通过数据的共享和应用协同，有效配置资源，提高快速响应和应急处理能力；通过专家系统和数据挖掘，对旅游资源保护、产品定价或旅游行业政策进行模拟测试，实现科学决策。

二、智慧旅游的特点

智慧旅游是一个全新的命题，它是物联网、云计算、传感器网络、高性能信息处理、智能卡数据挖掘等技术在旅游体验、产业发展、行政管理等方面的应用。同时，它使旅游物理资源和信息资源得到高度系统化整合和深度开发激活，并服务于公众、企业、政府等。智慧旅游的特点如下：

1. 全面物联

智慧旅游重视对物联网、云计算、下一代通信技术等新技术的运用，但它并不是简单地运用新信息技术，而是把新技术和旅游行业发展紧密结合起来，实现旅游服务、旅游管理和旅游营销的差异化。智能传感器机器设备将自然风光、历史古迹、大城市公用设施等连接到网络，对旅游全产业链上下游运作的系统软件实时进行监测。

2. 充分融合

智慧旅游以服务游客为核心，注重与游客的互动，在满足多数使用成熟技术的游客的需求基础上，兼顾那些关注新技术应用的旅游人群。智慧旅游使旅游景区、酒店餐厅、交通出行等设施的物联网与互联网系统软件实现联接和结合，并将其数据信息融合为旅游资源关键数据库。

3. 协作运行

智慧旅游是建立在旅游信息化的基础上的，它通过引入新信息技术，提升旅游信息化的整体水平和服务能力，是旅游信息化发展的新阶段和发展方向。智慧旅游服务项目基础设施建设，有利于实现旅游全产业链上下游每个重要系统软件和谐高效的合作，达到旅游系统软件运作的最佳状态。

4. 激励创新

智慧旅游是一个动态的建设过程，将随着旅游业和信息技术的发展而发展，我们现在能够想象到的足够“智慧”的场景，在 5 年后、10 年后都会变得非常普通。因此，在智慧的旅游服务项目基础设施建设基础上，要激励政府部门、旅游企业和相关从业人员展开高新科技、业务流程和运营模式方面的自主创新运用，为智慧旅游输入源源不断的发展驱动力。

三、智慧旅游现象

随着旅游市场的不断扩大和智慧旅游理念的深入，智慧旅游正在由点向面不断扩散，其表现形式也越来越多样，涉及领域也越来越广。智慧旅游的“智慧”除了体现在旅游产品、游客体验的“智慧”方面，还体现在旅游服务的“智慧”、旅游管理的“智慧”和旅游营销的“智慧”这三方面。虽然源于国外，但是智慧旅游理念在中国的大地上落地生根，并激发了很多中国旅游业人士在理念和战略层面的灵感，并且他们提出了很多关于智慧旅游理念和内涵的新思考。例如，从理性选择视角出发审视游客选择。

（一）旅游服务智慧化

目前的旅游消费模式已由卖方市场转向买方市场，旅游方式也由传统的观光旅游模式转向观光、休闲、度假、户外健身等相结合的多元化的旅游模式。旅游需求更加个性化、多元化，对旅游信息获取的便利性提出了更高的要求。依托旅游大数据技术，游客利用智慧旅游提供的终端衔接工具，可以充分获取旅游目的地的交通、住宿、天气、旅游项目是否同质化、旅游服务质量及评价状况等内容，从而合理安排自身的行程，定制私人旅游线路。在旅游信息获取、旅游计划决策、旅游产品预订支付、享受旅游和回顾评价等过程中，游客都能感受到智慧旅游带来的全新服务体验。智慧旅游通过科学的信息组织和呈现方式让游客方便快捷地获取旅游信息，帮助游客更好地制订旅游计划并形成旅游决策。

智慧旅游通过物联网、无线技术、定位和监控技术，实现信息的传递和实时交换，让游客的旅游过程更顺畅，提升旅游的舒适度和满意度，为游客带来更好的旅游安全保障和旅游品质保障。

游客在任何渠道发布的针对服务的评价，系统都将对这些评价进行收集，形成旅游大数据。旅游服务供应链各成员利用旅游大数据，实现对需求状况、生产要求、产品供应量、实时数据等信息的价值挖掘。旅游大数据的应用，可以有效提高供应链效率，实现链条上各环节间的无缝对接，为游客提供全链条的适时、适地和适量的智慧服务。未来大数据更加主流化的浪潮，将为智慧旅游发展注入新的活力和动力。智慧旅游依靠大数据提供足够有利的资源，使得智慧旅游得以真正实现“智慧”发展。大数据处理实现了可视化，以最直观的方式展现，以更科学、更简化、更智慧的方式推动政府管理、企业运营和游客消费决策。

（二）旅游管理智慧化

移动互联网、大数据等技术也方便了涉旅企业的管理者，有助于他们逐步实现智慧管理，如梦旅程票务系统开通了线上购票渠道，线下闸机检票，景区不再需要纸质票的销售和检验岗位；数据自动生成、财务数据自动统计，旅游企业不再需要花费大量人力资源去管理；游客画像生成更是为管理者提供了营销决策依据，避免出现“费力不讨好”的供需不对称的现象。

智慧旅游将实现传统旅游管理方式向现代旅游管理方式的转变。涉旅企业通过信息技术，可以及时、准确地掌握游客的旅游活动信息和旅游企业的经营信息，实现旅游行业监管从传统的被动处理、事后管理向新兴的过程管理和实时管理转变。

智慧旅游将通过与公安、交通、工商、卫生、质检等部门形成信息共享和协作联动，结合旅游信息数据形成旅游预测预警机制，提高应急管理能力，保障旅游安全。同时实现对旅游投诉以及旅游质量问题的有效处理机制，维护旅游市场秩序。

旅游企业依托信息技术，主动获取游客信息，形成游客数据积累和分析体系，从而全面掌握游客的需求变化、意见建议以及旅游企业的相关信息，实现科学决策和科学管理。

智慧旅游还鼓励和支持旅游企业广泛运用信息技术，改善经营流程，提高管理水平，提升产品和服务竞争力，加强游客、旅游资源、旅游企业和旅游主管部门之间的互动，高效整合旅游资源，推动旅游产业整体发展。

旅游大数据的一个明显发展方向是数据可视化，即把复杂的数据转化为可以交互的图形，帮助用户更好地理解分析数据对象，发现、洞察其内在规律，极大地降低个人认知壁垒。数据可视化将复杂未知数据的交互探索变得可行。依托旅游大数据的可视化发展，管理决策层可以较直观地获取有价值的信息，从而做出更精准的决策。对旅游地管理机构来讲，旅游大数据可视化发展将促进旅游管理信息的共享与协同发展，并为政府提供一系列数据分析支撑，为管理决策层提供更加直观的决策依据，为挖掘更深层的数据价值提供可能。

在公共服务科学化推进进程中，智慧管理可以对未来一定时间内的人流量、车流量等数据进行预测，并根据游客属性提前准备资源与应对服务；对景区监控系统的突发事件（如踩踏、拥挤）进行实时监测；通过监控系统及大数据分析，对景区人力、物力资源进行科学分配，并加强市场行为的规范管理。

（三）旅游营销智慧化

智慧营销包括旅游资源展示、游客资源分析、互动营销、精准营销、品牌推广、智能优惠券等方面。其实智慧营销的理念早已涵盖在智慧服务、智慧管理之中，三者相辅相成、相互结合才能更好地实现智慧旅游。举一个简单的例子，无论是票务系统还是导览系统，都分为前端和后台，前端为游客提供服务，后台则为管理者服务。相似的是，这些智慧软件都很好地利用了大数据技术，将游客信息及涉旅企业的经营状况用数据、图表的形式直观呈现出现，一目了然、直击痛点，以便企业能够有针对性地制定营销策略。

除开数据驱动营销，“旅游+技术”“旅游+社交平台”方式的出现也为涉旅企业吸引了不少粉丝。比如，腾讯与故宫合作举办“Next Idea × 故宫”腾讯创新大赛，推出名为“穿越故宫来看你”的 H5 邀请函，仅上线一天访问量就突破 300 万。可以说，在智慧旅游理念的支撑下，在人工智能、大数据等技术的支持下，在用户对旅游品质要求不断提升的背景下，旅游行业的智慧化边界在不断延伸和扩展。最初的智慧旅游可能更具体，主要表现为智慧景区，追求景区业务的智能化，如无人售检票、景区导览导航等，但是随着智慧旅游的发展和成熟，“智慧+”旅游的内涵更丰富，如“旅游+文化”“旅游+技术”“旅游+其他行业”等。

智慧旅游通过旅游舆情监控和数据分析，挖掘旅游热点和游客兴趣点，引导旅游企业策划对应的旅游产品，制定对应的营销主题，从而推动旅游行业的产品创新和营销创新。通过数据量化分析和筛选营销渠道，旅游企业能够获得可以长期合作的营销渠道。智慧旅游还充分利用新媒体传播的特性，吸引游客主动参与旅游的传播和营销，并通过游客数据和旅游产品消费数据的积累，助力企业自媒体营销平台的发展。

旅游大数据将旅游服务供应链的各参与方连接起来，实现旅游供应过程中服务流、信息流、价值流的“三流”合一，为旅游智慧营销提供扎实的数据支撑。按比较形象的说法，旅游大数据就像一张蜘蛛网，网上的任何一点动一下，蜘蛛马上就能感觉到。旅游服务供应链上的各方存在着紧密的关系，起始端旅游需求量的变动，必然会引起上游各环节的变动，而大数据可以帮助我们判断一系列变动的规律。

对旅游供应商及中介商来说，数据挖掘是对企业的数据进行处理和分析，从中快速准确地找出对企业有价值的信息。旅游供应商及中间商整合游客搜寻内容的偏好、搜寻者行为特征、搜寻者特性等方面的信息后，依托旅游大数据对游客市场进行细分，可识别出其重点客源市场，从而针对主要潜在客户人群进行精准营销及广告投放，最终确定正确的销售模式、客户关系及营销策略等。同时，旅游供应商及中间商还可以对旅游市场洼地进行挖掘，培育并发展新的客户群体，诊断旅游营销和推演可行性项目，提升客源市场转化率，最终达到提升精准营销能力的目的。对于出现的游客差评、客源流失等不利数据信息，旅游供应商及中间商也可以通过旅游大数据（旅游评价、微博、游记、投诉记录等）进行原因分析，及时采取补救措施，或开发新的旅游兴趣点，最终实现旅游智慧营销。

四、智慧旅游活动参与者

我国智慧旅游体系建设一直是在政府的主导下进行的，但智慧旅游的应用和建设更应该是旅游市场主体的目标和游客的追求。关于智慧旅游体系的构成，政府管理部门以提供旅游公共管理和公益服务相关部门为主，旅游企业主要包括旅游景区、旅行社、酒店、餐饮以及旅游网络营销公司、在线旅游电商等商业组织。它们以提供专业性商业服务为主，游客以分享智慧旅游体验、提供旅游信息为主，目的地居民以提供目的地旅游信息和辅助性旅游服务为主。游客和目的地居民在整个智慧旅游体系的构成中，主要扮演在线信息共享、终端体验和展现的角色。

（一）游客

旅游体验是一个过程，是旅游过程中对每一个阶段的愉悦性、真实性和经济性进行综合体验过程。从游客的角度来讲，旅游体验，是借助观赏、交往、游览和消费等方式实现与外部世界的联系，从而改变心理水平、调整心理结构的过程。国内大部分学者以游客满意度来衡量旅游体验质量，因此提升游客的旅游体验，有利于旅游业的可持续发展。

了解智慧旅游对游客旅游体验的影响有助于行业经营者和管理部门更好地“对症下药”，提升旅游服务水平，进而提升游客的旅游体验。智慧旅游对游客体验的影响主要体现在以下几个方面：

1. 智慧旅游推动了游客出游动机

游客的出游动机分为内在动机和外在动机。智慧旅游提供了更便利的方式来推送旅游资源，如快捷选择合适的酒店、餐厅以及交通工具等，满足了游客想要逃避压力，放松身心的需求。智慧旅游更是以旅游者的需求来设计旅游产品，激发了游客出游的需求和动力。

2. 智能技术使旅游要素全面升级换代

以智能技术为主导的智慧旅游产业链已实现与吃、住、行、游、购、娱六大环节点对点地对接：在“吃”的方面，游客可以通过搜索定位，快速准确地找到符合自己口味和消费定位的餐厅，智慧旅游还提供了取代传统纸质菜单的游客自助点菜系统，提升了游客的用餐满意度；在“住”的方面，酒店可通过信息技术手段取得游客的身份认证，读取游客偏好等信息，从而为游客提供更贴心的服务；在“行”的方面，游客可以通过手机App来预订机票、车票、船票，并随时关注航班、车次的动态信息，以及时调整出行安排，最大限度地减少时间的浪费，选择自驾游的游客可以通过智能导航系统随时了解路况等信息，大大缓解了旅游交通压力；在“游”的方面，国内景区纷纷引入自助导游系统，以多种形式介绍景区情况。自助游客还可以根据旅游规划系统定制行程，实现个性化旅游；在“购”的方面，在线支付对于游客来说已不再陌生，它已成为越来越多游客首选的支付方式；在“娱”的方面，游客可随时获得娱乐休闲信息，让旅途更加轻松。这些要素都实现了全新的升级，智能技术从根本上颠覆了传统的旅游六要素体验。

3. 智慧旅游有效地提升游客的旅游体验满意度

如今，全球定位系统（GPS）技术已广泛地应用于旅游行业，日新月异的信息技术（IT）带来了旅游业的二次革命，就是所谓的“人本旅游”。游客在选择旅游目的地和做出旅游行为决策时通常会货比三家来降低自身的决策风险。过去，游客只能依靠景区和地方旅游部门提供的宏观数据，但这些数据比较少且可能不够全面，不足以支持游客做出最科学的决策；在大数据时代，游客能在海量的数据中进行智慧筛选，更容易找到合适的旅游目的地、出行方式、交通及住宿用餐方式等。

4. 智慧旅游能及时反馈游客旅游体验

智慧旅游依靠大数据将景区、旅行社、酒店以及旅游相关产业的信息进行整合、加工，对游客的信息进行分析，打造了一个旅游资源数据库，准确地反映景区甚至城市旅游的客源市场情况，发掘旅游热点和游客的兴趣点。大数据还可以帮助城市预测节假日期间的客流量，相关城市可以提前做好预警措施；通过数据挖掘，旅游目的地城市还可以提前了解客源地情况，提前做好人群分析，适时引导游客制订或变更出行时间和方式。数据平台还可监测网络舆情从而可以帮助相关部门和企业及时制定应对措施。智慧旅游的发展解决了传统旅游业对资源利用不充分、服务和营销方式单一等问题。

（二）政府部门

政府部门在智慧旅游建设中主要涉及三项内容，一是编制和规划智慧旅游建设纲要，从建设内容、组织计划、运营投资政策、技术要求规范和建设标准及服务准则等方面进行指导；二是推动智慧旅游发展过程中的政府服务职能转变，通过旅游资讯宣传、旅游营销、综合性旅游信息云公共服务平台以及旅游行业信息资源管理系统、信息监控应急指挥平台等平台的建设，完善智慧旅游建设的后台服务；三是进一步推进旅游电子政务建设，建立旅游行业管理平台，提高各级旅游管理部门的办公自动化水平，提高行政效率，降低行政成本。

政府部门通过智慧旅游的建设，为公众提供畅通的旅游投诉和评价反馈的渠道，强化对旅游市场的运行监测，提升对旅游市场主体的服务和管理能力，保证危险、紧急事件状态下的旅游应急指挥服务正常发挥作用，并通过物联网、互联网、通信平台、运营商的支持和多种尖端信息技术实现对自然资源、文物资源的监控保护和智能化管理，增强旅游宏观决策的有效性和科学性。

2016 年 12 月，国务院发布的《“十三五”旅游业发展规划》（以下简称《规划》）提出，旅游业发展理念由景点旅游向全域旅游发展模式转变；把业态创新、技术创新等作为旅游业的发展新动力，发展“旅游+服务业”（旅游与文化结合等）、加大无线网络建设及物联网建设、建设旅游产业大数据平台，建设一批国家智慧旅游城市、智慧旅游景区、智慧旅游企业和智慧旅游乡村。

《规划》提出提升旅游公共信息服务水平，包括线下旅游服务中心建设、线上旅游信息服务平台建设。其中线上平台包括全国旅游信息数据共享，公安、交通、卫生、气象、航空、通信等数据共享。智慧旅游业态建设包括景区门票预约制度、景区承载力监测预警机制、旅游舒适度评价机制，以及免费 Wi-Fi、智能导游、电子讲解、在线预订、信息推送。

《规划》针对旅游惠民便民服务提出了旅游一卡通、电子消费券、旅游年卡、景区互联网平台建设、完善预约服务等建议和措施；旅游安全方面，针对景区最大承载量管控和专项检查，建设旅游景区安全视频监控体系，游客和车辆位置等的全域、全程、全时可视化监控等内容提出了要求。

（三）旅游企业

旅游企业是智慧旅游信息的整理者和提供者，它们在企业经营活动中所产生的重要信息，是实现旅游信息化的重要来源。同时它们也是智慧旅游的受益者。这些企业将使用智慧旅游的建设成果，在向游客提供智慧旅游服务、接受政府行业监管的同时，积极通过企业信息化建设不断提高企业运营水平、降低运营成本、提高企业经营绩效。旅游企业还可以在传统旅游营销的基础上，通过渠道创新、方法创新和技术创新，全面提升旅游营销的效率和效果，更好地达到推广旅游资源、销售旅游产品的目的。

1. 智慧景区

旅游景区企业是智慧旅游建设和发展的主要原动力。旅游景区不单单需要考虑景区资源的建设管理（如建设开发、工程管理等），还需要考虑电子票务结算、客流引导服务、电子导览服务、虚拟实景的旅游应用、虚拟旅游体验式营销、无线位置服务、景区内部资源智能经营管理（环境保护、物业管理、商户经营、停车管理、后勤管理、财务管理等）等系统的部署。这些系统的应用和实践将有助于景区服务能力的提升、服务品牌的提升、服务内容的规范，从而实现旅游景区的智慧响应和管理。

智慧景区是对环境、社会、经济三大方面进行最透彻的感知、更广泛的互联互通和更科学的可视化管理的创新型景区管理系统。智慧景区建设主要包括智慧博物馆类、智慧文物保护类、智慧风景名胜类三大类别的景区建设。

2. 智慧旅行社

在技术创新、服务创新和资本的驱动下，酒店和机票预订、旅游度假产品、租车、景区门票、签证等产品迅速实现在线化，在线旅游企业（OTA）不断丰富旅游服务业的内涵，如行业垂直搜索引擎“去哪儿网”，工具类“在路上”“面包旅行”，攻略社区类“蚂蜂窝”“穷游”等 OTA 典型业态。

传统旅行社开展在线商务运营，建设智慧旅行社（intelligence travel agency，ITA）是市场竞争的必然选择。智慧旅行社就是利用云端计算、物联网等新技术，通过互联网/移动互联网，借助便携的终端上网设备，将旅游资源的组织、游客的招揽和安排、旅游产品开发销售和旅游服务等旅行社各项业务及流程高度信息化、在线化、智能化，以实现高效、快速、便捷、低成本和规模化运行，创造出游客满意和旅行社企业营利的共赢格局。

3. 智慧酒店

随着酒店业竞争的日趋激烈和客户期望的不断攀升，酒店装潢、客房数量、房间设施等的质量竞争和价格竞争将退居二线，酒店企业只能通过不断寻求扩大酒店销售规模、提高服务质量、降低管理成本和提升客户满意度的新方式，以增强酒店的核心竞争力。其中最有效的手段就是大规模应用信息化技术，推进智慧酒店建设，变革传统意义上的酒店业竞争方式和经营管理模式，进而形成新的竞争优势。

酒店的竞争将主要在智能化、个性化、信息化方面展开，智慧酒店悄然兴起。智慧酒店整合集成酒店办公软件、信用卡收费、自动取款机（ATM）、无线制卡等系统，应用物联网技术、云计算技术、计算机智能化信息处理、宽带交互式多媒体网络技术，形成酒店智能化解决方案，为消费者提供周到、便捷、舒适、称心的服务，满足消费者个性化、信息化服务的需要；同时，通过智能控制系统将酒店物耗、能耗、人员成本降到最低，从而创造效益。

第二节 旅游业的智慧发展

一、智慧旅游发展历程

（一）国内智慧旅游发展历程

早在 2009 年 12 月 1 日，《国务院关于加快发展旅游业的意见》就提出了要把旅游业培育成国民经济战略性支柱产业和让人民群众更加满意的现代服务业的要求。加快推进旅游业与信息产业的融合发展，充分利用信息技术的新成果来引导旅游消费、提升旅游产业的素质，成为达成上述目标的关键。其中，2010 年，江苏省镇江市创造性地提出了智慧旅游概念，并率先开展智慧旅游建设。

2011 年 7 月 15 日，时任国家旅游局局长邵琪伟正式提出，旅游业要落实国务院关于加快发展旅游业的战略部署，走在我国现代服务业信息化进程的前沿，争取用 10 年时间，在我国初步实现智慧旅游。

2014 年中国的旅游宣传主题被定为“智慧旅游年”。同年 8 月，国务院颁布《国务院关于促进旅游业改革发展的若干意见》，明确提出加快旅游基础设施建设，包括加快智慧景区、智慧旅游企业建设，制定标准化的旅游信息等内容。随后，全国掀起智慧旅游建设热潮。

2015 年年初，国家旅游局发布《关于促进智慧旅游发展的指导意见》（以下简称《意见》）。《意见》提出，到 2020 年，我国智慧旅游服务能力要明显提升，智慧管理能力持续增强，大数据挖掘和智慧营销能力明显提高，移动电子商务、旅游大数据系统分析、人工智能技术等在旅游业应用更加广泛，培育若干实力雄厚的以智慧旅游为主营业务的企业，形成系统化的智慧旅游价值链网络。

（二）国外智慧旅游发展历程

1. 北美地区

2005 年，美国科罗拉多州的一家滑雪场推出为游客配置 RFID 定位装置反馈系统的

Mountain Watch，该装置能够实时监测游客的位置、推荐滑雪路线，反馈游客消费情况，为游客提供安全、便捷的科技化服务，该装置的推出被视为该国智慧旅游的开端。美国 2006 年就在宾夕法尼亚州波科诺（Pocono）山脉的度假区引入 RFID 手腕带系统，开始智慧旅游的尝试。游客佩戴 RFID 手腕带后不用携带任何现金和钥匙就可以在活动区内打开自己的房间门、购买食物和纪念品、参与付费的游戏活动等，同时这个手腕带也是顾客的身份证明。

2. 欧洲地区

欧盟早在 2001 年就开始实施"创建用户友好的个性化移动旅游服务"项目。在智慧旅游的发展过程中，其重视基础设施建设，并致力于打造一体化市场。《中国智慧旅游行业发展前景预测与投资战略规划分析报告》指出，在现有的工程建设中，欧洲部分城市采用二维码技术和城市信息做对接，服务智慧旅游。在公共服务层面，欧洲正全面开发应用远程信息处理技术，计划在全欧洲建立专门交通无线数据通信网，通过智慧的交通网络系统实现交通管理、导航和电子收费等功能。智慧的交通网络系统主要包括以下子系统：旅行信息系统（ATIS）、车辆控制系统（AVCS）、商业车辆运行系统（ACVO）、不停车收费系统（ETC）等。

3. 亚太地区

以韩国、日本、澳大利亚为代表，亚太地区智慧旅游凸显"以人为本"的特性，利用科技提升游客体验。韩国首尔基于智能手机平台，开发了"I Tour Seoul"应用服务系统，该系统是首尔市专为首尔的旅游者提供的掌上移动旅游信息服务平台。通过该平台，旅游者可实时获得当前所在位置周边的各种相关旅游信息，如旅游景点、餐厅、酒店信息，而且它还提供了从当前位置采用公交、私家车、步行方式前往的方法。另外，它还提供五种语言的服务。在加强移动终端服务的同时，韩国还重视网站系统建设。

在智慧酒店建设方面，亚太地区注重服务细节的智慧改良。以日本为代表，酒店极其注重人性化设计，如酒店为顾客提供支持多国语言的智能电话，该智能电话功能全面，支持 Skype，并可携带出门。就智慧交通而言，与北美地区类似，亚太地区很多城市有着体系完整且科学、便民的交通服务，部分城市的交通一卡通还兼顾便利店及自动售货机消费功能。旅游观光巴士广泛使用 GPS，部分国家开发设计"风景导航"系统，可根据旅游车的位置，电视监视器自动显示附近景点的动态视频。目前，亚太地区国家正着手发展无线网络、物联网、远程监控、无线感知、云计算等技术，加强智慧旅游的实时性与互联性。

2005 年以来，智慧城市的实践探索在世界各地展开，智慧旅游不仅意味着高效的智能化服务和管理，还会带来产业链的延伸，加速新技术与日常生活的融合，带领人们向更智能、更舒适的生活方式转变。国外政府和企业认识到其中蕴含的巨大机遇，积极推动智慧旅游快速发展。

二、智慧旅游发展的展望

（一）智慧旅游发展前景

根据旅游发展现状，我们大胆预测，未来智慧旅游的发展关键在于服务，信息技术已经为游客的旅游提供了的各种便利，但高精尖技术终究要“落地”，发展需要避免进入被技术、金钱和传统理念所绑架的误区。旅游者的需求始终主导着行业的发展导向，满足游客日益增长的个性化需求会进一步促进旅游产业的完善与成熟。智慧旅游发展将在更大范围得到拓展和更深层次得以延伸、突破，从而更加理性务实。

旅游者对于目的地信息、往返交通等旅行效率的需求，对于餐饮、住宿、文化娱乐等生活便利的需求，对于旅游品质和服务质量的追求等，都需要得到有效的满足，这也促使智慧旅游的市场体系随之健全和完善。

（二）智慧旅游发展模式

智慧旅游被称为旅游业的“二次革命”，它是一种融合了通信与信息技术，并以此为基础、以游客互动体验为中心，服务于游客、企业、政府的旅游新形态。

1. 景区个性化定制服务旅游模式

随着体验经济时代的到来，旅游消费者对参与旅游过程的每一个步骤的意愿越来越强，对于景区建设中所投入的大量科技元素和智能化技术，旅游消费者也希望能够体验到，从而获得独特的旅游经历。因此，智能化技术势必越来越多地应用到景区的主题创新、旅游活动创新和旅游产品创新中，以满足旅游消费者的现有需求，并引导旅游消费者的潜在需求，从而实现技术从工具属性到战略属性的转变，实现信息化价值与景区核心价值的统一，将科学技术转变为旅游吸引因素的一种。

旅游个性化定制服务的发展，要促进景区更加注重创意元素，更加重视旅游消费者的需求。景区管理者和景区经营者也开始探索服务旅游消费者的综合性技术平台，这为我国智慧景区建设提供了新的视角。

2. 构建以服务游客为核心的旅游模式

智慧旅游的终极目的就是实现游客旅行过程的便捷化、个性化、安全化、服务化，因此智慧旅游应该围绕“食、住、行、游、购、娱”旅游六要素展开。

3. 创新旅游电子商务服务模式

景区可以不断优化旅游与电子商务服务，这也是目前智慧旅游开发中应用比较多的一项内容。智慧旅游得以全面覆盖，离不开旅游电子商务的支撑。

4. 科技化新体验式旅游模式

随着科技在旅游中应用得越来越广泛，游客的旅游体验方式也将会越来越多。例如，通过旅游电视博展会系统，游客就可以穿越时空长廊，畅游魅力都市，在家也可以坐享旅游视听盛宴，这也许将成为一种新的旅游体验形式。而酒店行业将会更加注重人性化的设计，如将电视和网络多媒体进行完美结合，通过全新的交互式应用，向星级酒店客人提供丰富的旅游资讯、精彩的娱乐内容和细致周到的客房服务。

随着智慧旅游的发展，旅游形态和业态也都会发生一系列的变化，因为旅游规划设计也在不断地发展创新，其与智慧城市巧妙融合，逐步创建局域网式的完整旅游模式。

三、我国智慧旅游发展进程

（一）我国智慧旅游发展现状

智慧旅游是随着信息技术发展而衍生的全新命题。在 2009 年 IBM“智慧地球”的背景下提出，伴随着物联网、云计算等技术的支持，利用新科技和新模式改变着旅游行业的方方面面，高度系统化地整合、开发旅游资源和信息服务，带动旅游业发展。发展智慧旅游是我国旅游业的必经之路，智慧旅游的本质就是为了提升游客旅游体验。

1. 智慧旅游驱动行业升级

旅游业作为稳增长、调结构、惠民生及生态文明建设的关键支撑点，已变成经济发展的新突破点，而随着互联网大数据及移动互联网时代的来临，我国旅游业已经进入转型发展的重要环节，智慧旅游的快速崛起正是旅游业转型的巨大驱动力。

2. 改革创新试点建设蓬勃发展

国务院印发的《关于促进旅游业改革发展的若干意见》对我国智慧旅游的发展指明具体指导方向，但该文件在实际的操作方面仍未提出确定的计划方案，因而，有条件的省份、地区竞相进行旅游综合性改革创新试点。试点多点开花，借助当地无可比拟的旅游资源，加上智慧旅游云平台，科学谋划，推动该省份或地区旅游业的发展。

3. 智慧旅游运作的挑战和机遇

智能化、信息化、现代化的发展为传统旅游业的管理模式带来的活力，新式旅游业的底层逻辑改变其运营管理方式，旅游行业商务模式在被迫改变。而相对于旅游领域智慧技术的飞快发展，旅游行政部门管理如果还在使用“刀耕火种”式的原始阶段的管理模式，将无法适应旅游经济的快速变化。

（二）我国智慧旅游发展基础与趋势

《2015—2020 年中国智慧旅游产业市场分析及投资前景研究预测报告》表明，许多城市都在开展智慧城市建设。文化和旅游部对智慧旅游城市试点工作进行了部署，确定了包括北京市、武汉市、成都市、南京市、福州市、大连市、厦门市、苏州市、黄山市、温州市、烟台市、洛阳市、无锡市、常州市、南通市、扬州市、镇江市、武夷山市18个国家智慧旅游试点城市。智慧旅游发展的最终目的是以最低成本消耗来实现资源共享、利益共赢、环境共建、社会共同发展。

1. 全面物联

智慧旅游的智能化体现在：互联网的普及使物与物之间的信息沟通和交换成为现实，并且在智能终端上完成智能识别、定位、监督和跟踪等操作也成为可能。全面物联是智慧旅游发展的必要前提。

2. 强大云计算

云计算作为一种网络应用模式，其主要目的是解决、处理物联网信息交换中存在的与巨大数据和信息相关的问题，智慧旅游的发展与建设需要云计算作为平台与应用的依托。

3. 实时移动通信

移动通信是物联网的一种连接方式，它确保了移动智能终端在智慧旅游中的各种应用的正常运行，它为提高智慧旅游的服务质量，增强游客体验效果提供了重要保障。

4. 实用人工智能

人工智能能够利用计算机模拟人进行数据分析、处理、预测，作为智慧旅游的核心科技，它将应用于对人流量、突发事件的预测，游客满意度评价监测等方面。

随着信息技术的不断发展，智慧旅游将成为旅游市场上的主力军，改变传统旅游行业的运作思维，以信息化技术带动旅游业向现代服务业转变，加速推动智慧旅游时代的到来，并催生一大批新兴企业，从而带动产业经济发展。

【案例与思考】

“一键游云南”平台

“一键游云南”由云南省属国企云南交通投资建设集团有限公司与云南省投资控股集团有限公司共同出资，它们与腾讯成立合资公司云南腾云信息产业有限公司，负责平台的开发和运营。在“一键游云南”项目中，政府负责协助解决数据获取、公共服务接入等工作，同时协调景点资源以及本地服务的开展。而腾讯则利用其大数据及数据分析能力，与云南省旅游数据实现共享，有针对性地进行产品开发，并派驻管理团队运营项目，实现经营运作市场化。

“一键游云南”架构设计为“三个平台+一个数据中台”的模式，即游客平台、商家平台、政府平台加数据中台。产品针对游客、旅游商家和政府，分别开发了较为完善的功能。

游客服务（C端）是“一键游云南”的主营业务之一。在C端平台上，国内国际游客可以实现“一部手机游云南”，获取本地旅游资讯、公共服务、文化教育等全方位服务。其中较为热门的功能包括教育科普类的“识花识草”、公共服务类的“找厕所”、政府反馈类的“游客投诉”。

商家服务（B端）平台尚在建设中，将主要实现三大功能：商家平台接入，宣传推广、商家信息管理，导游、旅行社信息认证。在商家端，平台有数字营销、旅游资源批发两项主营业务。数字营销，即借助大数据平台，为本地旅游产业商家提供更精准的在线营销推广服务。旅游资源批发，即平台统筹规划，进行旅游资源拉通整合以及打包销售，推进商家与商家之间的合作。

政府服务（G端）平台的建设使得“一部手机管旅游”成为可能。平台的主要功能包括投诉处理、30天退换货处理、商家监管。政府端的主要业务有两项：一是数据赋能政府统筹安排，服务政府进行数字化旅游产业规划；二是推进数字产业建设，平台承载智慧小镇建设、美丽县城的智慧服务、高原湖泊治理等功能。此外，“游云南”接入了高速收费服务，以及云南健康码查询服务，为游客和政府提供了便利。

【思考】这一案例中包含了哪些智慧旅游技术应用？

第三节 智慧旅游条件下的旅游新业态

一、旅游新业态认知

在激烈的旅游市场竞争中，各地的旅游企业通过满足消费者和游客的需求提升自己市场竞争力、市场占有率，在旅游经营模式中加入了新产品、新因素和新模式，因此促进了旅游新业态的产生。

旅游新业态的“新”是相对“旧”或“老”而言的，即有了新的需求，产生了新的经营形态。企业可通过调整提供产品服务方式来适应新需求、新变化。旅游企业不仅要满足游客的需求，要关注自身的经济利益；还要满足相关者的利益，还不能损害当地社会生态、文化等方面的利益，于是改变经营方式的旅游集散中心就产生了。这个“新”主要体现在以下三个方面：

（一）旅游服务的新业态

不同旅游形式会有不同需求的消费群体。旅游企业利用自身资源、信息和专业优势，为游客提供量身定制的旅行服务包。旅游企业正在从产业链的消费环节向生产环节移动，进入社会生产的各个环节，提供全面的多样化的旅游服务，或为游客提供个性化的服务，以实现旅游要素的整合。这样既节省了游客的时间，提升其旅游体验，也提高了旅游企业的服务效率。旅游企业由提供单一的旅游要素服务，向提供综合要素服务转变，这一转变实现了整个旅游要素企业的共赢。

（二）实现产业融合

旅游电子商务就是旅游业与信息产业的融合。部分旅游业整合了信息技术产业的技术优势，在行业中脱颖而出，从而实现跨越式发展。旅游过程的任何环节都可能会有新需求产生，这些需求方需要其他产业提供相应的产品和服务，这就为旅游产业与其他行业的融合提供了机会，这是旅游业将其他产品集成到旅游产业链上来的结果。它围绕旅游活动进行，能够增加旅游产业链的价值。例如，为更好地解决分时度假问题，旅游业将房地产及酒店业的产品及经营方式相结合。为进一步开辟旅游业的新市场及增加其他产业链的价值，也可以把旅游业融入其他产业链，如医疗旅游就是一种新兴的融合方式。

供给需求因素相互作用时会激发旅游产业边界的扩张，以吸引其他产业的人才、资金、技术等资源融入旅游产业。要不断创造条件形成产业融合的新业态，以提高企业效率，增强企业跨界协作的竞争力。

（三）产品的创新

以旅游者为导向，依靠科技手段进行产品的融合和创新。为旅游业的发展注入新的活力，使旅游业进一步渗透到其他产业，这样更有利于国际竞争，以满足多样化的国际旅游需求。创新就是要重新组合资源和要素，推出新产品、新方法，开辟新市场。

旅游产业链上每一个环节的企业都有创新的机会，旅游业态创新是旅游企业围绕着游客需求而进行的，对旅游产品生产、销售、营销、流通等环节上的方法和过程的创新。

例如，新冠肺炎疫情对民用航空业造成了巨大打击，但航空企业很快就推出了各种盲盒类的航空套票，如南航的“随心飞”等产品就是智慧旅游产品创新的最佳案例。得益于旅游电子商务系统的良好基础，航空公司通过合理的数字智慧分析，“随心飞”等产品一经推出就受到追捧，不仅为旅客们带去了实惠，也促进了航空企业业绩的增长。

二、旅游新业态类型

旅游新业态主要包括新的旅游组织形态、新的旅游产品形态、新的旅游经营形态三大类型。

（一）新的旅游组织形态

一是产业间融合出现的业务融合型新组织形态，如会展旅游集团、景观房产企业、旅游装备制造业等。二是网络技术与旅游融合形成的新组织形态，如携程、艺龙等在线旅游运营商。三是新开发的特色组织形态，如家庭旅馆、主题餐厅等。四是促进企业加快发展的新组织形态，如如家连锁酒店、中国民俗酒店联盟等旅游联合体。五是多种类型的企业合作发展的新组织形态，如旅游产业园、旅游产业集群等。

（二）新形态的旅游产品

一是与交通工具结合形成的新旅游产品形态，如自驾旅游、高铁旅游、邮轮旅游、游艇旅游、自行车旅游等。二是与特色旅游资源结合的新旅游产品形态，如温泉旅游、影视旅游、高尔夫旅游、工业旅游、农业旅游、赏花游等。三是针对细分市场的新旅游产品形态，如夕阳红旅游、夏令营旅游等。四是出行目的引发的新旅游产品形态，如纯玩团、探险旅游、养生旅游、教育旅游、乐活旅游等。

（三）新形态的旅游经营形式

多个产业的融合协作、多种类型的企业可以形成联合经营形态。例如，景点、酒店和航空公司的联合营销，新产品提供的一站式服务等，都能让不同企业紧密协作起来。而旅游信息化和技术智慧化，在经营中为新形态的经营模式提供了基础和创新保障。

三、新业态的产业融合发展与现状

随着经济社会的发展，人们经济、文化水平的提高，人们的旅游需求也转向更深层次的需求，他们更加倾向于文化型、度假型、复合型等旅游产品，而不仅是单一的观光型的旅游产品。旅游消费的大众化、多样化需求促使旅游产品向多样化发展。但目前，我国多数旅游产品发展水平不高，与相关产业的融合有待进一步的加强。

（一）与第一产业的融合

旅游业与第一产业的融合是旅游业发展的新模式之一，产业融合过程中，以生态、体验和观光为主的农业形态逐渐形成。随着经济的发展，城市开放空间已经难以满足城市居民的需求，城市居民开始了近郊旅游和乡村旅游，促进了乡村旅游的发展。欧美国家乡村旅游的发展较为迅速和完善，逐渐进入正规化发展模式。我国的乡村旅游起步较晚，但目前已经进入快速发展时期，我们应抓好机遇，搭上乡村旅游快速发展的班车，借助当地乡村的特色资源和乡土民俗等，进行旅游商品创意设计，形成一系列的旅游产品，塑造自己的品牌，从而赢得旅游产品市场。

（二）与第二产业的融合

工业旅游已被公认为是旅游业中一个越来越重要的细分市场。它是一种旅游类型，是指游客到景点了解过去、现在和未来的经济活动。工业旅游是一个专注于认识工业传统历史和废弃设施的领域，伴随着旅游业与其他产业的相互融合，它也逐渐成为一种新兴的旅游方式。尤其在工业发达国家，人们对这一种旅游方式的兴趣日益浓厚。所以，工业和旅游的融合为一些旅游资源不丰富的工业国家及地区旅游业的发展增加了可行性和新的机遇。工业旅游是中国旅游强国战略的重要组成部分，也是全域旅游发展的必要。中国虽然是制造业大国，但工业旅游存在着资源总体相对薄弱，对发展工业旅游的认识不够统一，起步晚，旅游精品少，特色不够突出，同质化比较严重等问题。

（三）与第三产业的融合

旅游业是第三产业的龙头产业，旅游业的发展可以很好地带动第三产业的发展。与第三产业的融合发展，主要是与文化产业、信息产业以及金融业的融合发展。2012 年，国家旅游局和中国银行等七个部门联合发布文件，加快推出各种金融旅游产品。事实上，金融旅游产品不仅仅是旅游卡，还应包括更多的产品种类，相关企业和单位应通过这些办法加快把旅游业培育成战略性支柱产业。

实践中，在旅游业与第三产业的融合过程中，一方面，相关部门应积极推动旅游业转型，通过增加游客消费逗留时间、改善市场消费环境与提高服务水平来开辟广阔的商品零售业市场渠道。另一方面，相关部门也要注重完善旅游地的购物配套设施建设。除了零售业，旅游目的地还应注重旅游业与房地产业的融合发展，随着旅游业的发展，旅游目的地的人气会得到提升，环境也会得以改善，这为房地产业的发展提供了有利条件。旅游业与房地产业在融合发展的过程中，应该相互借势、互动发展，增加旅游目的地的财政收入。

参考文献

［1］李梦．“智慧旅游”与旅游信息化的内涵、发展及互动关系［C］//中国旅游研究院．2012 中国旅游科学年会论文集．2012：7.

［2］崔忠强，尹立杰．基于物联网技术的智慧旅游发展研究［J］．旅游纵览（下半月），2019（12）：36-37.

［3］周政易．浅析智慧旅游在旅游企业管理中的应用［J］．产业与科技论坛，2021，20（12）：237-238.

［4］尹海红．大数据三大发展趋势让旅游更智慧［J］．大数据时代，2018（7）：20-25.

［5］厦门市统计局，国家统计局厦门调查队．厦门经济特区年鉴-2018［M］．北京：中国统计出版社，2018.

［6］张鸿雁，宗峰．5G 时代智慧旅游公共服务平台建设方案研究［J］．无线互联科技，2021，18（10）：43-45.

[7] 文化和旅游部."十四五"文化和旅游发展规划 [N/OL].(2021-06-03) [2022-04-30]. http://www.ctnews.com.cn/paper/content/202106/03/content_57065. html

[8] 沈金辉. 国内外智慧旅游建设现状及经验启示 [J]. 旅游纵览（下半月），2014(12)：41-42.

[9] 周波，周玲强. 国外智慧旅游商业模式研究及对国内的启示 [J]. 旅游学刊，2016，31 (6)：8-9.

[10] 智慧旅游的发展趋势和前景，https://www.sohu.com/a/295439021_120086853.

[11] 唐海燕，王卉. 构建智慧旅游服务平台推动旅游业高质量发展，[EB/OL].(2021-06-03) [2022-04-30]. https://wenku. baidu. com/view/eb91c202ee630b1c59eef8c75fbfc77da26997fb.html.

[12] 汪鸿. 旅游新业态发展探索 [J]. 经济师，2016 (1)：208-210.

[13] 张艳平，张丽君. 旅游新业态的表现形式分析 [J] 旅游纵览（行业版），2016(5)：188.

第二章　旅游业智慧商务

第一节　旅游业智慧营销

一、智慧营销认知

旅游消费者购买旅游产品不仅是为了满足物质需要，更重要的是为了满足其精神需要。为方便和加速旅游服务的交换而采取的一切营销活动，就是旅游业营销。旅游业营销始终围绕着旅游消费者需求这个中心展开。随着智慧旅游的不断发展，智慧营销成为旅游业营销的最佳选择。什么是智慧营销？一次完整的智慧营销应该是怎样的呢？

智慧营销是一种新思维、新理念、新方法和新工具，更是一种在大数据时代背景下的创新营销概念。在快速变革和创新的科学技术支撑下，智慧营销将协助企业，化挑战为机遇，成为现代企业营销“新常态”，对于旅游业来说，更是如此。

智慧营销是一种新型营销形式。它是利用互联网技术、大数据技术、云计算、智能软硬件设备等前沿技术，通过新媒体投放、渠道行销、营销平台运营等方式构建起来的。在这个体系内部，前期有数字智能程序化市场研究平台协助企业形成初步决策，中期有程序化创意技术执行具体的创意，后期有流量平台进行智能的品牌推广并将这些流量导流到电商平台完成销售转化。与此同时，相关平台又可以进行实时的数据分析与反馈，辅助营销人员实现分析及优化。

智慧营销在日常商务活动中表现为两种形式：智慧化网络营销、千人千面的电子商务服务。

（一）智慧化网络营销

企业借助互联网，可以紧紧抓住网络的“互联”特性，通过网络手段进行营销活动和达成品牌建设、客群积累和销售的目的。智慧化网络营销是企业整体营销战略中的一个组成部分，是为实现企业总体目标而设置的。网络营销活动借助智慧化的技术，如大数据技术，可以精准地进行广告推送、客户管理和销售转化，以达到营销的目的。

随着信息传播技术的发展，“互联网+”产业不断升级和创新，移动互联网和智能终端技术发展突飞猛进，带来了营销模式的变革。社会化媒体基于互联网技术、通信技术等信息传播技术，采用新的媒介经营模式，实现个性化、互动化、精准化的传播。它们开创新的媒体内容与表现形式，创造新的媒体用户体验的现代媒体类型。例如，部分旅游目的地利用网络直播开展云旅游业务，部分景区提供网约导游服务和建设旅游商品销售的社交电商平台等。

（二）千人千面的电子商务服务

包括旅游电子商务平台在内的各种电子商务平台，很早就拥有了大数据和云计算的技术支持。这些商务活动是在网络环境和大数据环境中基于一定技术基础的商务运作方式和盈利模式的组合。电子商务活动中的智慧技术能更快地为企业匹配买家，也让用户和企业更容易对接。例如，企业向潜在用户进行商品推送，消费者选择商品更加便捷。交易减少了中间环节，节约了用户搜寻成本，也提高了企业商务运营效率，减少了商品流通的中间环节，大大降低了商品流通和交易的成本。

二、旅游业智慧营销现象

旅游业智慧营销是指企业利用互联网、大数据、云计算、智能软硬件设备等，通过新媒体投放、渠道行销、营销平台运营等方式构建起来的互联网时代营销体系。企业对于旅游资源和旅游经济等方面进行进一步整合，使得旅游方面的信息能够以数据的形式体现，并能够让消费者更好、更快地了解当前旅游信息的变化，从而进一步提升旅游管理的效率以及增强旅游营销的效果，推动旅游行业新的发展。

这对于旅游业的发展有着重要的意义。一是有利于整合旅游资源。采用智慧营销模式，能够借助互联网技术整合区域内的旅游资源，聚集旅游目的地的所有信息，便于游客在网络平台上查询到所需信息。同时，智慧营销以游客需求为中心，整合吃、住、行、游、购、娱等相关产业资源，为游客提供一体化的旅游服务。二是有利于提高旅游服务质量。在全域旅游中创新使用智慧营销模式，能够有效解决信息不对称的问题，让游客及时获取动态变化的旅游信息，满足游客个性化的旅游需求。三是有利于提升旅游业与相关产业经济效益。在智慧营销模式下，利用智慧平台可加快旅游信息传播速度，实现全域旅游资源的共建共享，使旅游企业以及相关企业只要付出最少的宣传成本，便可收获最大化的宣传效果，还可降低旅游业的运营成本，有利于提升全域旅游经济效益。

三、智慧营销的滥用与辨析

【案例分享】

绍兴首例“大数据杀熟”案成功维权

近年来，随着互联网不断渗透到我们的生活中，“大数据杀熟”已变成一个热词，从订机票、订酒店到订外卖，都会被“大数据杀熟”。2021年7月7日，绍兴市柯桥区法院审理了胡女士诉上海携程商务有限公司侵权纠纷一案，该案是绍兴市首例消费者在质疑遭遇“大数据杀熟”后成功维权的案例。

据了解，该案原告胡女士此前多次通过携程App预订机票、酒店，在携程平台上消费了10余万元，是该平台的钻石贵宾客户。去年，胡女士像往常一样通过携程App订购了舟山某高端酒店的一间豪华湖景大床房，支付价款2 889元。但胡女士在退房时，发现酒店的挂牌房价加上税金总价仅为1 377.63元。“我不仅没有享受到星级客户应当享受的优惠，反而多支付了一倍的房价。”胡女士随后向携程反映情况。携程以供应商为由，仅退还了部分差价。

于是，胡女士向绍兴市柯桥区市场监管局投诉。柯桥区市场监管局为切实维护消费者权益，指派公益律师免费为胡女士代理了这起民事诉讼。胡女士及其代理律师以上海携程商务有限公司采集其个人非必要信息，进行“大数据杀熟”为由将携程诉至柯桥区法院，要求“退一赔三”并要求携程旅行App为其增加不同意“服务协议”和“隐私政策”时仍可继续使用的选项，以避免被告采集其个人信息，相应避免被告掌握原告数据对原告进行“杀熟”。绍兴市柯桥区法院经审理后当庭宣判：判处上海携程商务有限公司赔偿原告订房差价并按房费差价部分的3倍支付赔偿金，且在其运营的携程旅行App中为原告增加不同意其现有“服务协议”和“隐私政策”仍可继续使用App的选项，或者为原告修订携程旅行App的“服务协议”和“隐私政策”，去除对用户非必要信息采集和使用的相关内容。

资料来源：潘玮琳. 绍兴首例“大数据杀熟”案成功维权［N］. 浙江市场导报，2021-07-20（11）.

【案例解读】

目前大多数App在使用之前，都会要求用户同意他们的用户协议和相关隐私政策，从这个案子的判决结果来看，我们可以拒绝这种要求用户授权的行为。柯桥区法院庭审法官介绍，这对于保护公民隐私、杜绝“大数据杀熟”有着重要意义。目前我们在面对“大数据杀熟”时，消费者天然处于劣势地位，平台对于消费者拥有压倒性优势，消费者往往面临着举证不易、维权困难的困境。柯桥区市场监管局相关负责人表示，该案为消费者在质疑遭遇“大数据杀熟”时成功维权创建了模板。

智慧营销作为智慧旅游的重要内容，应该是为用户服务的技术和手段。但这些技术一旦被滥用以后反而会成为侵害用户的帮手，这是不利于智慧营销活动健康发展的。不良商家利用大数据算法“杀熟”，虽然能够获取非常不错的利润，但是这种做法会给消费者带来恶劣的体验。这样不仅严重影响消费者的购物感受，最重要的是还会让很多的老用户对平台丧失信任，从而导致客户流失。因此对于平台的这类不良行为，如果不严加管控，会导致行业混乱。常见的滥用大数据的现象有：

（1）利用“大数据杀熟”，以不同的价格向不同用户销售同款商品。

由于现在网络购物非常方便，而且网络技术也是非常先进，尤其是新用户和老用户的区别，因此平台在向不同用户推送商品的时候，往往就会利用“大数据杀熟”，把价格便宜的商品推荐给新用户，而把价格昂贵的商品推荐给老用户，既拉拢新用户，又挣了老用户的差价。通过这样的差异化销售，企业销售利润得到很好的增长，但是老用户的成本支出明显增加。

（2）在使用打车软件的时候，不同人的费用计算结果不一样。

笔者对打车软件进行相同的测试，结果发现同样的距离打车费用是不一样的，由此可以看出打车软件也在利用“大数据杀熟”，它们向老用户收取高价，又以低价格吸引新用户，通过这样的结算方式提升平台的利润率。

利用大数据对消费者进行分类以及分析，消费者的各种各样的行为都会被算法所“监控”，任何消费习惯都被智能机器人（程序）掌控。“大数据杀熟”现象非常普遍，给消费者造成了非常严重的伤害。国家正在完善相关法律，来保障更多消费者的合法权益，减少网络商家对个人隐私以及个人利益的侵犯。

第二节　旅游电子商务的智慧化

从旅游电子商务的角度看，推动旅游业的智慧营销体系建设从而实现旅游电子商务活动的智慧化，是当前旅游产业发展的核心。旅游智慧营销的关键就是企业通过在线的方式，以科学和个性化的营销手段吸引游客，而其真正消费的服务与产品体验则由游客在线下体验完成，消费者、企业双方共同推动旅游品牌的建立，合力形成有效的旅游智慧营销网络。

旅游电子商务蓬勃发展的同时，激烈的竞争也是不可避免的。越来越多的企业进入旅游电子商务领域，如阿里巴巴开发的飞猪，腾讯与同程艺龙的合作等。在智慧旅游的背景下，旅游电子商务典型的虚拟性与游客实际感知和体验的差异冲突、信息安全与隐私权保护的技术性风险等问题开始凸显。但随着互联网信息技术向旅游业的不断渗透、旅游电子商务智能化的不断发展，行业的发展进程必将加快，智慧旅游的各环节也将会逐步完善。旅游业逐渐向着定制化旅游服务等高端服务方向发展。

一、景区电子商务的智慧化

【案例分享】

乌镇是中国首批历史文化名城，拥有着得天独厚的旅游资源，并且乌镇交通条件非常便利，经济也相对发达。

目前乌镇景区内部实现了网络信号的全覆盖，无论游客走到哪里都能够连接到景区内部的网络。景区内部网络信号稳定、网速流畅，游客网络体验感好。

乌镇的智慧旅游管理中，智能化的停车场是一大亮点。整个停车场非常智能化，自驾的游客可以通过显示屏幕了解当前停车场的空车位情况及车位的位置，找车系统能帮助忘记停车位置的游客快速找到自己的车。智能化系统的引入减少了停车场出入秩序混乱和内部管理冗杂现象。

景区内部已完成旅游资源信息化建设，游客在进入景区的时候可以通过微信扫码来了解具体的路线以及每一个景区的特色，并且游客还可以扫描景点旁边的二维码了解到该景区的发展现状，同时也可以收听语音讲解。景区内部已经100%实现了电子支付，游客即使没有随身携带现金，也可以通过手机支付享受到景区内部的资源和服务。

【案例解读】

对于景区来说，智慧旅游系统不仅能够进一步提升游客的体验感，同时也可以进一步帮助景区开展内部管理，提升景区的内部管理效率。同时，智慧旅游系统为景区未来的发展方向提供了更多的可能性，伴随着智慧旅游的进一步发展，可以吸引更多的游客，景区能实现更好的经济效益。

景区如何利用信息技术来实现景区的“智慧”发展？从关键技术的角度来看，主要有以下方面：

（1）感知与识别技术，如二维码技术、射频识别技术（RFID）。RFID在景区票务管理、资源管理、客流管理、人员管理、景区安全管理方面的应用。

（2）网络与通信技术，如基于位置的服务（LBS）、近距离无线通信（NFC）技术、4G移动通信技术，以及4G网络技术的环境下，线上旅游电子商务平台和线下移动支付终端移动旅游电子商务平台的总体框架。

（3）云计算技术。在智慧旅游和云计算技术基础上推动“云计算”在“智慧旅游”中的应用。

（4）虚拟现实技术。三维全景虚拟展示、VR技术等，在旅游景区虚拟展示中扮演着重要角色。

二、虚拟技术助力电子商务智慧化

2020 年 5 月 17 日，第五届全球虚拟 · 现实大会（GVRC）在线上开幕。大会以“未来与创新，VR 新经济与全球化”为主题，首次以全程全景虚拟的方式在云端举办。大会打造了 360°的全场景数字化的展会环境，真正让虚拟走进现实。参会者就有关“5G+VR”的内容、终端、技术、投资等领域进行精彩的主题演讲与对话，带来了一场场头脑风暴。搭上新基建的高速列车，VR 产业将迎来新一轮的快速发展，VR 技术的应用场景日渐增多，特别是在文化和旅游业。

根据亿欧网 2020 年 5 月的数据，中国移动已建成 5G 基站 12.4 万个，覆盖 56 个城市，5G 套餐用户数突破 5 000 万，中国移动成为全球 5G 网络覆盖最广、5G 客户规模最大的通信运营商。作为 5G 新基建的主力军，中国移动将以双千兆与智能组网、云 VR 能力等领先技术与服务，进一步丰富 5G 应用场景，推动 5G 融入百业、服务大众，不断满足人民群众日益增长的数字消费新需求。这些技术为在市区生活的渴望的出行的人和不便于出行的居民，带来了新的旅游享受。

三、旅游电商的新变化

5G 和视频技术给电商带来了新的营销方式。新冠疫情暴发后，淘宝直播、抖音直播等火爆起来，而社交电商视频带货是这一现象的基础。这是一个量变到质变的过程，且在旅游业表现尤其明显。携程董事长梁建章与抖音合作的网络营销推广活动很成功，这证明了通过视频做旅游营销很有市场前景；抖音中也有大量的旅游景区和旅游目的地的营销案例，如陕西某地的摔碗习俗引爆当地旅游市场，以及重庆穿楼轻轨、洪崖洞，鼓浪屿冰激凌小店的案例，都是旅游电商中视频营销的经典案例。

短视频及实时视频（直播）与旅游业的结合，这种创新营销形式具备了两者的优点：它既有电视短片的特征（如感染力强、形式内容多样），又具有互联网营销的优势（如精准营销、反应迅速）。

旅游电商正在不断适应智慧旅游的新场景，发生着新变化。

第三节　智慧旅游时代的智慧生活体验

随着智慧城市建设的推进，智慧旅游已在我们的日常生活场景中得到普及，也在逐渐让我们的生活变得“智慧”起来。

一、智慧城市

智慧城市的概念与数字城市、感知城市、无线城市、智能城市、生态城市、低碳城市等区域发展的概念有交叉，甚至在日常生活中，人们会混淆智慧城市与电子政务、智能交通、智能电网等概念。人们对智慧城市概念的解读也经常各有侧重，有的观点认为智慧城市的关键在于技术应用，有的观点认为其关键在于网络建设，有的观点则认为其关键在于人的参与，还有的观点认为其关键在于智慧效果，一些先行推进城市信息化建设的城市则强调以人为本和可持续创新。

【案例分享】

智慧城市——南京

作为我国首批国家智慧城市的试点城市，南京已初步完成智慧城市的项目建设，构建起“智慧营销”体系。此平台对南京市在钟山风景区、明城墙、博物馆等旅游资源进行有效整合，并将它们推向游客市场；同时平台提供南京主要旅游景区门票、周边酒店等的在线预定，以及南京的最新旅游咨询、旅游线路规划、租车等服务。在智能移动终端的协助下，平台能将服务延伸到游客所在的任何一个角落，同时游客还可以随时随地在平台上与其他游客分享自己的消费体验。

南京的智慧旅游系统通过南京智慧旅游游客助手来实现。该系统由自游南京、惠游南京、微游南京、漫游南京、玩转南京、交通出行、我的周边、旅游快讯、咨询投诉等模块组成，它将旅游六要素（食、住、行、游、购、娱）的最新资讯进行重新优化整合，通过智能引导的服务方式满足游客的个性化需求。终端能够及时播报旅游相关资讯，按照游客的需求提供各种旅游主题的攻略，提高了南京旅游服务的有效性和针对性，便利了游客，提升了南京的城市的形象。

【案例解读】

不仅是南京，智慧科技也已经出现在我们的周围、我们的日常生活中。你家附近的公园是否人太多，适不适合晨练？你家附近的菜市场的菜价有何变化趋势？哪一辆公交车不拥挤？目前大多数城市都已经“智慧”起来，我们的生活发生了巨大变化。

二、云旅游

云游天下，顾名思义就是旅游企业针对旅游业现状，为大家提炼出的、符合市场实际的全新旅游网络营销架构。它通过旅游体验直播+旅游产品推广（门票+组合产品预约销售）的方式，实现旅游电子商务。这也正是在“后疫情时代”应运而生的旅游电商新场景，是智慧旅游带给我们的新的生活体验。

云旅游泛指采用网络视频技术使旅游者不到现场就能体验的旅游活动，可以理解为人们对通过网络进行的旅游相关活动的统称，包括“旅游主播带你去旅行”或者旅游短视频、网络实时的远程虚拟旅游体验等。

我国不但有令人叹为观止的美丽景色，还有一群勤劳、智慧的技术人员、旅游从业者，他们让身在异地的游客可以相聚在“云端”，饱览我国的灿烂文明：2020 年 3 月 1 日，布达拉宫在淘宝开启首场直播，一小时就吸引了超 100 万人涌入直播间，这一人数相当于布达拉宫近一年的游客接待量。

2020 年在清明假期期间，故宫连续两天进行了三场直播。据统计，在 2020 年 4 月 5 日上午首场直播中，仅央视新闻抖音号的在线观看人数已超过 1 亿。尽管疫情使全球旅游业暂时陷入停滞，但人们的旅游需求并没有消失。将景区游览与直播方式结合起来，大家足不出户就可以看到远方的风景，在疫情还没有被完全控制住前，这种方式越来越受大众的欢迎。

“旅游主播带你去旅游”过程，也包括在直播间里完成的旅游产品的推广销售，也是云旅游目前常见的一种表现形式。

未来的云旅游可以实现远程增强现实（AR）体验。AR 体验是指通过体验设备及 5G 以上网络把大量真实立体场景传送到你的眼前，这样一来，游客在家里就能体验到亲历景区的感觉。

三、大数据精准推送

大数据是一个专门用于分析、处理和存储大量经常来自不同来源的数据集合领域。通过大数据管理，企业可以把握消费者的消费倾向，创造出适合目标的市场营销方案和制订合理的产品价格。通过对客户行为数据的挖掘，电子商务平台向客户提供个性化的采购建议和促销信息，影响其消费决策，支持产品、品牌和店铺的销售工作。从大数据在商业领域的应用来看，数据本身是没有价值的，大数据在商业场景中的应用，最终是基于人的标准。而所谓大数据参与的精准营销，其实就是企业在合适的时间、合适的地点，将合适的产品以合适的方式提供给合适的人。

大数据技术的战略意义不在于掌握庞大的数据信息，而在于对这些含有意义的数据进行专业化处理。换而言之，如果把大数据比作一种产业，那么这种产业实现盈利的关键，在于提高对数据的“加工能力”，通过加工实现数据的增值。从技术上看，大数据与云计算的关系就像一枚硬币的正反面一样密不可分。大数据必然无法用单台的计算机进行处理，必须采用分布式架构。它的特色在于对海量数据进行分布式的数据挖掘，但它必须依托云计算的分布式处理、分布式数据库和云存储、虚拟化技术。

基于大数据的信息推送是一件非常复杂的事情，需要考虑的因素（维度）也非常多，在不同的阶段（信息收集、整理、分析），大数据技术可以实现各种信息的价值化，在此基础上，通过算法与用户进行匹配。

总体上来说，大数据时代的信息化推送具有一定的价值，而且这些价值会体现在以下几个方面：

第一，投其所好。大数据推送最为重要的一个优势就是可以针对用户的特点（画像）来完成信息的推送，从而实现信息的价值化。每个用户的知识结构和兴趣爱好都是不同的，基于大数据技术，企业可以针对用户的特点来推送信息，这样的推送更具有针对性，推送产品的成交率会更高。随着大数据系统收集到的信息越来越多，大数据的推送成交率也会不断提升。

第二，实现价值增量。大数据推送还有一个非常重要的特点，那就是可以实现价值增量，而且这个价值增量是双向的，它既可以为大数据平台带来收益，也可以帮助用户实现收益。从大的发展趋势来看，大数据的价值增量空间是非常大的，基于信息的价值增量也有很大的想象空间。

第三，甄别信息。网络上的信息还存在一个问题，那就是真假难辨的问题，而基于大数据技术可以在一定程度上解决这一问题。对网络信息的甄别一直是一个难题，而大数据技术的出现，为信息甄别提供了一个新的渠道。从目前的效果来看，大数据的信息甄别能力正在不断提升，可用性也在不断增强。

基于大数据技术来实现信息推送，有可能会形成信息壁垒，而用户要想解决这一问题，就需要学会科学使用大数据系统，从而来突破这种信息壁垒。

四、虚拟网络购物

你有没有想过，有一天你在家中，带上虚拟现实（VR）头盔就能立刻身处超级购物中心，你可以随意挑选心仪的产品，无论是珠宝首饰，还是豪车名表，总之你可以先虚拟地体验一把，再决定是否掏钱。

VR 购物商城是采用 VR 技术生成的可交互的三维购物环境。用户戴上一副连接传感系统的“眼镜”，就能“看到”3D 真实场景中的商铺和商品，从而实现各地商场随便逛，各类商品随便试。

2016 年 4 月 1 日，阿里巴巴宣布成立 VR 实验室，并首次对外透露集团的 VR 战略。据介绍，阿里将发挥平台优势，同步推动 VR 内容培育和硬件孵化。也就是说，在不久的将来，用户便可以体验到 VR 购物。

在内容方面，阿里巴巴已经全面启动“Buy+”计划以引领未来购物体验，并将协同旗下的影业、音乐、视频网站等，推动优质 VR 内容产出。最令用户期待的 VR 购物指日可待。据介绍，阿里 VR 实验室成立后的第一个项目就是“造物神”计划，也就是联合商家建立世界上最大的 3D 商品库，实现虚拟世界的购物体验。“VR 技术能为用户创造沉浸式购物体验，也许在不久的将来，坐在家里就能去纽约第五大道逛街。”实验室核心成员之一赵海平表示。据了解，阿里工程师目前已完成数百件高度精细的商品模型，下一步将为商家开发标准化工具，实现快速批量化 3D 建模。对于 VR 购物的时间，阿里巴巴表示，敢于尝新的商家很快就能为用户提供 VR 购物选择。在硬件方面，阿里巴巴将依托全球最大电商平台，搭建 VR 商业生态平台，加速 VR 的设备普及，助力硬件厂商发展。

从阿里“Buy+”宣传视频来看，这个平台未来要实现利用三维动作捕捉技术，识别人的手部动作并触发虚拟环境的反馈，最终实现虚拟现实中的互动。

简单来解释就是这个技术可以实现你直接跟虚拟世界中的人和物进行交互，甚至将现实生活中的场景虚拟化，成为可以在网络上互动的场景。

从视频提到的实现目标来看，且不说那些高数量、高精度模型制作，单单模型渲染对硬件设备的高标准、高要求已经给个人电脑制造商带来了不小的压力。目前从国内外几家企业的动作捕捉实现技术的能力来看，对于单手（如食指、拇指）的动作识别还尚能勉强实现，但是当几个手指一起联动的时候，其识别精准度就大大降低。如果技术真能达到视频中展示的那样，真可为动作捕捉界的一大突破。

2016 年 5 月 20 日，暴风魔镜也联合悦海购欲在 VR 购物大展拳脚，其并表明会率先实现 VR 在跨境电商领域的实施，特别是针对用户海外购物的体验。而此次悦海购和暴风魔镜在 VR 购物领域的合作，或有可能走在阿里巴巴的前面，促进 VR 购物项目早日落地。

参考资料

[1] 吴兰仙. 现代市场营销学 [M]. 昆明：云南科学技术出版社，1999.

[2] 王合壮. 全域旅游智慧营销的实施分析 [J]. 中国市场，2019（23）：138-139.

[3] 李沁，谢楚楚. 智慧营销的“理想国度”[J]. 现代广告，2020（12）：53-55.

[4] 魏晗博. 48 万元广告金额，720 小时实战：记 2020 北京大学智慧营销实战教学创新项目 [J]. 中国广告，2020（12）：42-4.

[5] 孔德鸿. 浅析旅游目的地“智慧营销”：以南京为例 [J]. 丝路视野，2016（19）：16-17.

[6] 兰楠. 浅谈旅游电子商务发展 [J]. 广东蚕业，2020（1）：63-64.

[7] 周倩，杨溢. 2008—2014 年我国旅游电子商务研究综述 [J]. 电子商务，2015（9）：26-27.

［8］刘艳平．全域旅游视角下的智慧营销［J］．大众投资指南，2019（11）：272-273.

［9］常媛，王爱乌，蒋丽君．济南智慧旅游发展现状与策略研究［J］．今日财富（中国知识产权）．2020（4）：201-202

［10］李晶，欧阳晓芹．乌镇智慧旅游建设现状研究［J］科技和产业，2021，21（2）：174-177.

技术篇

第三章 智慧旅游科技

第一节 云计算与旅游大数据

一、云计算和大数据概述

（一）云计算的概述

1. 云计算的概念

云计算（cloud computing），是一种新兴的共享基础架构的方法，它可以将巨大的系统池连接在一起，为用户提供各种 IT 服务。很多因素推动了用户对这类环境的需求，包括连接设备、实时数据流、SOA 的采用及搜索、开放协作、社会网络和移动商务等这样的 Web2.0 应用的需求急剧增长。另外，数字元器件性能的提升也使 IT 环境的规模需求大幅度增加，从而进一步增加了对一个由统一的云进行管理的需求。云计算被它的吹捧者视为“革命性的计算模型”，因为它使得超级计算的能力通过互联网实现自由交流成了可能。

狭义的云计算是指 IT 基础设施的交付和使用模式。它指通过网络以按需求、易扩展的方式获得所需的资源（硬件、平台、软件）。提供资源的网络被称为“云”。“云”中的资源在使用者看来是可以无限扩源的网络，并且可以随时获取，按需使用，随时扩展，按使用付费。

广义云计算是指服务的交付和使用模式。它指通过网络以按需求、易扩的方式获得所需的服务。这种服务可以是与 IT、软件、互联网相关的，也可以是任意其他的服务。

2. 云计算的特点

（1）超大规模。“云”具有相当的规模，Google 云计算已经拥有 100 多万台服务器，亚马逊（Amazon）、IBM、微软、雅虎（Yahoo）等公司的“云”均拥有几十万台服务器。企业私有“云”一般拥有数百上千台服务器。“云”能赋予用户前所未有的计算能力。

（2）虚拟化。云计算支持用户在任意位置使用各种终端获取应用服务。用户所请求的资源来自“云”，而不是固定的、有形的实体。应用在“云”中某处运行，但实际上用户无须了解、也不用担心应用运行的具体位置。用户只需要一台笔记本或者一部手机，就可以通过网络服务来实现其需要的一切，甚至包括超级计算这样的任务。

（3）高可靠性。“云”采用了数据多副本容错、计算节点同构可互换等措施来保障服务的高可靠性，使用云计算比使用本地计算机更可靠。

（4）通用性。云计算不针对特定的应用，在“云”的支撑下，用户可以构造出千变万化的应用，同一个“云”可以同时支撑不同的应用运行。

（5）高可扩展性。“云”的规模可以动态伸缩，满足应用和用户规模增长的需要。

（6）按需服务。“云”是一个庞大的资源池，你按需购买；“云”可以像自来水、电、天然气使用那样计费。

（7）经济廉价。由于“云”的特殊容错措施，服务提供商可以采用极其廉价的节点来构成“云”，“云”的自动化集中式管理方式使大量企业无须负担日益高昂的数据中心管理成本，“云”的通用性使资源的利用率较之传统系统有大幅提升，因此用户可以充分享受“云”服务的低成本优势，用户经常只要花费几百美元、几天时间就能完成以前需要花费数万美元、数月时间才能完成的任务。

（二）大数据概述

随着“云”时代的来临，大数据也吸引了越来越多人的关注。大数据是指无法在一定时间范围内用常规软件工具进行捕捉、管理和处理的数据集合，它是需要使用新处理模式才能具有更强的决策力、洞察发现力和流程优化能力的，且具有海量、高增长率和多样化特点的信息资产。大数据主要有以下几个方面的特点。

第一，数据体量巨大。大数据的数据体量从 TB 级别跃升到 PB 级别。

第二，数据类型繁多。大数据的数据类型包括各种网络日志、视频、图片、地理位置信息等。

第三，数据价值密度低。以视频为例，在连续不间断监控过程中，可能其中有用的数据仅一两秒。

第四，数据处理速度快。这一点也和传统的数据挖掘技术有着本质的不同。

业界将其归纳为 4 个“V”，即体量大（volume）、类型多（variety）、价值密度低（value）、速度快（velocity）。物联网、云计算、移动互联网、车联网、手机、平板电脑、个人电脑以及遍布地球各个角落的各种各样的传感器，无一不是数据来源或者数据的承载方式。

大数据技术作为人们做决策的重要依据，在社会治理和企业管理中起到不容忽视的作用。美国、欧盟都已经将大数据的研究和使用列入国家发展的战略，谷歌、微软、亚马逊等国际大企业也把大数据技术视为生命线以及企业未来发展的关键筹码。大数据技术的作用体现在：企业通过海量数据分析，总结经验、发现规律、预测趋势，帮助企业找到发展路径，辅助企业决策，提升企业运作效率。

（三）云计算与大数据的关系

本质上，云计算与大数据的关系是静与动的关系，云计算强调的是计算，这是动的概念，而数据则是计算的对象，是静的概念。如果结合实际的应用，前者强调的是计算能力，或者看重的存储能力；但是这样说，并不意味着两个概念就如此泾渭分明。一方面，大数据需要处理大数据的能力（数据获取、清洁、转换、统计等能力），其实就是强大的计算能力；另一方面，云计算的动也是相对而言，比如基础设施即服务中的存储设备提供的主要是数据存储能力，可谓是动中有静。如果数据是财富，那么大数据就是宝藏，而云计算就是挖掘和利用宝藏的利器！

1. 相互关系

大数据与云计算密不可分，其在互联网、医疗保健、教育、能源等行业，特别是在公共服务领域，具有广阔的应用前景。云计算是传统 IT 技术的突破和创新，解决了大数据面临的问题，云计算实现大数据应用的落地。大数据改变了世界，云计算改变了 IT。云计算的核心是业务模式，其本质是数据处理技术。一个形象的比喻描述了大数据和云计算的关系：大数据如矿产，云计算是矿工开采矿产的工具。

2. 静态与动态的关系

云计算顾名思义，其核心是计算，即有操作的动作；数据是计算机处理加工的对象，处于静待状态：在大数据时代，对计算分析的需求随着数据量的增加而增加。对于运行中的数据存储，它则是动中有静。

3. 数据视角下的云计算

概括地说，所有的一切都可以看作云。云里面不仅囊括了传统的数据中心，还包括基础设施。数据中心里面的数据来源于物理和网络。按照云中数据的内容划分，云的类型有存储云、物理云和网络云。从数据角度看，云计算需要考虑云环境下的数据安全策略和数据保护问题。

二、云计算与大数据在旅游业中的应用

随着大数据应用热潮的到来，旅游大数据也受到了业界的高度重视，我们从网站上可以看到，携程、艺龙、去哪儿网等平台型旅游企业也已经开始应用大数据来改进自己的产品体系，为企业发展提供数据支持。游客只要点击想要去的地方，便会自动弹出相关的吃、住、行、游、购、娱的产品，这些推荐不是简单的商品罗列，而是网站基于网络评价的好坏筛选出来的精品。

大数据可以做到贴近消费者、深刻理解需求、高效分析信息并做出预判。如今的数据

已经成为一种重要的战略资产，极富开采价值，并在未来的商业竞争中占据重要位置。

对于旅游大数据的理解，我们认为，旅游大数据的发展带动了旅游产业的全面升级，是传统旅游发展的重要补充，旅游大数据不同于传统的数据库，传统的数据库仅限于对于客户人群的简单统计与粗略分析，而旅游大数据更侧重于游客的心理研究与分析以及旅游产品体验。企业产品设计以游客的需求为关注点，关注市场，然后通过对大数据进行恰当的管理、建模、分享和转化，为决策者做出新的决策提供参考。

（一）大数据在旅游景区中的应用

景区通过大数据技术建立一个数据统计网站，包含了景区人数、车辆、天气以及景区承载量等数据。景区管理公司可以将已经提前预订门票的游客数量和现场购票入园的游客数量的有关数据及时汇集到网上，游客便可以根据人数再结合景区的承载量，来判断在一段时间内是否适合进入该景区。同时，统计紧张的停车位也可以帮助游客选择去景点的方式，比如是选择自驾还是选择乘坐公共交通。

（二）大数据在旅行社中的应用

大数据技术的应用对旅行社经营者来说，机会与挑战是并存的。大数据技术的应用给旅行社经营者带来的机会体现在以下几个方面。

第一，通过大数据，旅行社经营者可以知道游客喜欢什么样的产品，进而开发和建设适销对路的产品。通过对大数据的分析，旅行社了解到游客主要来自哪些地区，从而有针对性地制定和营销游客所喜欢的线路。

第二，大数据公开透明，相关资源组合能最大限度地降低旅行社的经营本，从而实现利润的最大化。

信息的公开化和透明化，也给旅行社的经营带来了很大的挑战：一方面，旅行社之间的竞争日益激烈；另一方面，游客自己掌握了相关的信息之后选择自助游也是一种大的趋势，这势必导致旅行社将流失一部分客户。在这种透明的环境之下，旅行社只有不断提高自身的服务能力，以特色的旅游线路和优质的服务吸引客户，才能适应环境的变化。

（三）大数据在酒店中的应用

如今，人们几乎人手一台移动智能设备，互联网上的信息总量以极快的速度增长。人们每天在微博、微信、论坛、电商平台上分享的各种文本、视频、音频等数据信息，这些分享高达几百亿甚至几千亿条，这些信息涵盖着商家信息、个人信息、行业资讯、商品浏览记录、商品成交记录等海量数据。这些数据通过聚类可以形成行业大数据，其背后隐藏的是酒店行业的市场需求、竞争情报，因此蕴含着巨大的财富价值。

（1）酒店通过对酒店住客、网页访客行为数据的分析，可以判断各类促销手段的效果、比较不同营销方案的优劣，从而分析目标客户群的特征，做到精准定价、精准供房、精准营销。比如，酒店管理集团可以分析用户在O2O平台的记录数据，为用户“画像”，精准掌握用户的使用偏好，以及消费需求，从而在网页的显眼位置放置精准的推荐信息，促成销售，使其转化成有效订单。

（2）酒店通过大数据分析，可以实现资源开发及利用最大化。比如，利用免费Wi-Fi及手机定位等移动互联技术，酒店商会牵头与银联等金融机构发行联盟电子信用卡、电子消费卡、会员卡等，为酒店以及旅游景点收集访客、潜在目标客户的移动轨迹数据、消费数据，掌握这些目标客户在方圆1千米、10千米、30千米等范围出现的概率、消费水平及习惯等关键信息。

（3）通过长期与顾客的沟通、接触，如顾客在网上对服务的评分和评论、电话客服咨询记录、投诉信、赞赏函等，酒店可以根据这些总结出“住客在前台办理入住手续少于多少分钟时，能保证客人满意率在70%以上”的规律，了解顾客在体验上的不满，以便增设设施与改进服务，甚至在顾客还未将问题说完，酒店便能猜出顾客的需求。

三、云计算与大数据对旅游业的影响

（一）为消费者带来个性化的旅游服务和虚拟旅游体验

在云计算、大数据技术的支持下，旅游消费者可以与旅游过程中的任何节点进行信息互动，快速获取全面的旅游信息，随心所欲地规划和设计自己的旅游行程。旅游消费者可以定制自己开发的、适合自己需要的个性化旅游产品，享受到符合自我预期的旅游快乐。

这种个性化的定制，即使身处同一景区、同一旅游线路，旅游者每次到来都会有不同的体验和感受。即便在旅游行程中，旅游者也可通过产业互联网中的各种智能技术，根据需要随时调整行程，实现旅游智能化的决策、控制和个性化服务。

（二）能够提供多维的信息空间

虚拟旅游可以将人类的听觉、视觉、嗅觉、触觉进行完美融合，实现人机互动。旅游者可以在其建立的虚拟旅游环境中随心遨游，享受极为逼真的虚拟旅游，这个过程是传统旅游服务无法提供的。

消费者可以像在影院中观看3D电影一样了解旅游目的地的风土人情。对于没有时间远距离旅游的人来说，虚拟旅游从精神层面上为潜在旅游消费者提供了满足其部分需求的产品。

（三）能够极大丰富旅游资源

能够大大提升旅游资源的观赏性。大数据旅游平台搭建起来后，旅游资源就被赋予各种信息特征，实现游客与旅游资源的智能交互，大大增强旅游产品的观赏性。比如，在历史文化旅游产品中植入数据芯片，游客在参观的过程中，可以用自己的虚拟形象积极参与文化活动，如虚拟参与古时代的活动——骑马、射箭等，使旅游产品的观赏性和可参与性明显提升。并且，随着3D打印技术的不断发展，一些原本无法观赏的旅游资源被打印还原出来，比如一些奇特的自然景观、历史情景等，在游客面前逼真地再现。

（四）互联网会大大丰富虚拟旅游资源

当前，虚拟旅游资源正源源不断地走向市场，大大激发了游客兴趣，从百度与北京动物园联合打造的“网上动物园”项目大获成功就可见一斑。“网上动物园”别名百度动物园，是搜索引擎公司与北京物园双方共同推出的网上动物园直播项目，它把企鹅、熊猫、大象、羊驼、环尾狐猴、长颈鹿等热门动物搬上互联网，供民众随时随地观赏。据透露，仅2014年的“六一”当天，百度动物园访问量便超过300万人次，相当于北京动物园半年的客流量，这数字与当天动物园七八万的人数相比，简直就是天文数字。

第二节　物联网技术在旅游业的应用

一、物联网及物联网技术

（一）物联网概述

物联网（internet of things，IOT）的概念始终处于一个动态的、不断拓展的过程。物联网，顾名思义，就是把所有物品通过信息传感设备与互联网连接起来，进行信息交换，即物物相息，以实现企业的智能化识别和管理。

物联网有两层含义：第一，物联网是建立在互联网之上的，是互联网的拓展和延伸；第二，物联网用户端扩展和延伸到了物品与物品之间，进行信息通信和交换。

物联网的特征主要有以下几点。

（1）广泛应用了各种感知技术。物联网中部署了大量的多种传感器，每个传感器都能从外界采集信息。不同类型的传感器捕获的信息不同，而且获得的数据具有实时性。传感器按照一定的规律来采集数据，并不断更新数据。

（2）物联网是建立在互联网基础上的网络。物联网技术的核心和基础仍是互联网，传感器通过各种无线和有线的局域网络与互联网结合起来，将物体的信息准确、实时地传递出去，数据传输过程中必须适应各种网络协议。

（3）物联网本身也具有一种智能处理的能力，能够智能控制物体。物联网从传感器中获得数据，然后进行分析，处理成有意义的数据，来适应不同用户的需求。

物联网已经开始在多方面应用，如远程抄表、电力行业、视频监控，等等。物联网在物流领域和医疗领域的应用也日趋成熟，如远程医疗、个人的健康监护、物品存储及运输监测等。除此之外，物联网在环境监控、楼宇节能、食品等方面也得到了广泛的应用。

（二）物联网技术概述

物联网涉及感知、控制、网络通信、微电子、计算机、软件、嵌入式系统、微机电等技术领域，因此，物联网涵盖的关键技术也非常多。为了系统分析物联网技术体系，我们可将物联网技术体系划分为感知关键技术、网络通信关键技术、应用关键技术、共性技术和支撑技术，下面介绍几种在旅游行业中应用较多的技术。

1. 射频识别技术（RFID）

射频识别技术是利用射频信号及其空间耦合传输特性，实现对静态或移动待识别物体的自动识别，用于对采集点的信息进行“标准化”识别。它一般由标签、阅读器和天线组成。

典型射频识别技术应用主要有 RFID 票务系统。游客购买旅游景区的门票时，会得到一张内嵌 RFID 芯片的门票。这张门票可以同时实现身份验证、消费和定位等功能。景区内的主要景点、道路上安装 RFID 读卡设备，用以读取门票上的信息。在景区/景点，该门票不仅可以用于检票、验票和票务统计，还可以防止逃票、串票现象的发生；在景区内的消费点，充值后的 RFID 门票还可以实现刷卡消费功能。

RFID 门票主要有两种形式：一种是内嵌有 RFID 芯片的纸质票；另一种是腕带式门票。

2. 无线传感技术

无线传感技术是集分布式信息采集、传输和处理技术于一体的网络信息系统技术。它主要包含以下几项技术：

（1）测试及网络化测控技术；

（2）智能化传感网节点技术；

（3）传感网组织结构及底层协议；

（4）对传感网自身的检测与自组织能力；

（5）传感网完全技术。

典型无线传感技术应用有“旅游资源监控”。旅游资源监控是指把旅游资源（自然资源、人文资源）进行标识，每个资源都有自己唯一的身份标识号码（ID）。旅游资源监控主要是通过应用传感技术、地理信息系统和卫星遥感技术，利用通信网络实现对大气、水、森林、地址及景点建筑物内温度、湿度等实时信息的收集、分析、传播，以掌握环境的动态变化，建立完善的资源数据库，再通过工作人员对数据进行整理、分析和评价，为景区的“保护、科研、开发”提供决策依据。

3. 网络与通信技术

网络与通信技术是旅游业信息化管理与服务的技术基础，有了这些技术，旅游业中的各方人员可以更便捷地交流，旅游企业也可以更便捷地处理和实现各种业务。这里主要介绍以下两种技术。

ZigBee 技术是一种近距离、低复杂度、低功耗、低速率、低成本的双向无线通信技术。与其他的定位技术相比，ZigBee 定位具有更好的优势，所以 ZigBee 技术有利于构建智慧旅游系统。

另外，典型的网络与通信技术应用还有“移动支付”。移动支付又称手机支付，就是允许用户使用其移动终端对所消费的商品或服务进行支付账务的一种方式。移动支付系统为每个移动用户建立一个与其手机号码相关联的支付账户，它相当于电子钱包的功能，为移动用户提供一个通过手机进行交易支付和身份认证的途径。用户确认后，其便可通过多种途径实现付款。

4. 数据的挖掘和融合技术

（1）分布式数据融合。分布式数据融合是对多种数据或信息进行处理，组合出高效且符合用户需求的数据的过程。

（2）海量信息智能分析与控制。海量信息智能分析与控制是依托先进的软件工程技术，对物联网的各种信息进行海量储存与快速处理，并将处理结果实时反馈给物联网的各种“控制”部件的过程。

二、物联网技术的应用

（一）旅游业中物联网技术的应用

1. 智慧酒店管理系统

智慧酒店管理系统的核心是酒店数字化管理系统。酒店数字化管理系统通过物联网可以对酒店硬件设施、信息服务进行全面管理，它与智慧营销系统一起，实现酒店预定、入住、退房、查房等全过程全面智慧化管理。

2. 景区 RFID 智慧门票和导览系统

景区 RFID 智慧门票系统和导览系统是基于 RFID 技术实现的。RFID 电子门票的核心是其中的一枚高安全性的集成电路芯片，它将世界唯一的 ID 号固化在芯片中，无法修改、仿造；无机械磨损，防污损；RFID 门票除了将唯一 ID 号、门票除密码写入保护外，数据部分可用加密算法实现安全管理，从而景区使用 RFID 技术实现景区门票的防伪、销售和检验。此项技术已广泛应用于各大著名旅游目的地。例如，东京银座的 RFID 旅游购物导览系统、东京国立西洋美术馆的导览技术。

3. 智慧导游系统

智慧导游系统包括显示交互子系统、无线数据传输子系统、定位子系统和地图处理系统等。中国自己的北斗定位系统已经成为智慧导游系统的基础。

4. 景区智慧远程视频监控体系

景区智慧远程视频监控体系整合了摄像机、视频服务器和技术对景区游客进行监控，便于安全管理、实时疏散和信息互动。景区智慧远程视频监控体系包含数据采集、图像分析和信息传递系统等。

（二）物联网技术对旅游产业的意义

1. 物联网技术将极大地改善旅游安全与可持续发展

（1）物联网可以有效地解决旅游紧急救援问题和安全保障的问题。例如，有效监控驾驶状态；准确定位遇险的自驾旅游者以及野外攀登、徒步等爱好者的位置。

（2）物联网有助于有效解决我国景区的管理问题。例如，景区内设施远程控制、游客空间分布检测等。

2. 物联网技术将极大地方便旅游者的出行

（1）物联网有助于有效解决旅游行程计划管理问题。

（2）物联网有助于增强旅游行程中的便利性，如自主便捷办理登机等。

（3）物联网有助于解决陌生环境中语言障碍带来的诸多不便等问题，如高质量的母语翻译解说、智慧入住等。

三、物联网技术对旅游业的影响

物联网技术对旅游业影响的主要因素包含以下几个方面：

（1）物联网对景区及酒店的影响主要体现在其对运营效率的提高。这里以景区管理为例进行阐释。首先，当前越来越多景区开始引入电子票务系统，这不仅符合当今社会对低碳环保的要求，而且极大提高了景区售票、验票等相关流程的效率。其次，各类监控或报警设备的使用既降低了景区人工成本，又使得景区资源与环境的管理与保护比以往更为高效、到位。一方面，监控或报警系统能够起到很好的威慑预防作用；另一方面，一旦景区出现重要旅游资源的破坏或失窃现象，监控录像可以为挽回景区损失提供极大的帮助。最后，物联网技术也提高了景区的安全管理水平，比如“旅客救援系统”这类智能系统的应用就为旅客提供了很好的人身安全保障，景区工作人员通过 GPS 等技术就可以在最短的时间内对旅客展开安全营救。

（2）毫无疑问，物联网技术的应用为旅客的出游带来了更多的方便，比如景区“一卡通”的应用，旅客只需通过简单的一张卡片就可以在景区甚至周边环境轻松便捷地“吃喝玩乐”，这很大程度上减少了旅客因为排队、找零等各种琐碎细节问题带来的不便与不快。此外，对于大多数旅客来说，旅游行程的安排主要综合考虑四大要素（成本、时间、趣味与安全），因此与这些要素相关的旅游信息对旅客来说显得十分重要。物联网在旅游业中的应用无疑使得旅客能够更轻松地获取比以往更为丰富的这类资讯。比如，旅客通过团购等方式不仅可以以更低廉的成本解决食宿问题，而且通过参看相关人群的评论信息可以快速搜寻更为安全可靠、性价比更高的服务；而由微博等电子媒介推送的旅游攻略或旅游体验软文则为旅客制定更为有趣的旅行方案提供了很好的参考。

（3）互联网上丰富的公共旅游信息为旅客带来的旅游福利越来越多，尤其随着互联网的深入发展及移动互联网的兴起对信息共享的推动，很大一部分旅客不再像以往那样过度依赖旅行社来安排自己旅游行程，特别是较为年轻的旅游群体越来越倾向于选择自助游。物联网的发展给旅游产业带来了新挑战，旅行社显然不能按部就班，一方面旅行社不得不更加专注于对旅游资源与信息的整合及市场细分，从而为旅客提供比以往更为专业化、人性化及个性化的服务以适应新形势对旅行社行业的要求。另一方面，在营销策略上，旅行社也开始更多地通过微博这类电子媒介开拓新型电子商务渠道，以促进对自身旅游产品的推介。

第三节　人工智能技术在旅游业的应用

一、人工智能及人工智能技术

（一）人工智能发展概述

人工智能（artificial intelligence），英文缩写为 AI。它是研究、开发用于模拟、延伸和扩展人的智能的理论、方法、技术及应用系统的一门新的技术科学。人工智能涵盖机器、系统实现的与人类智能有关的各种行为及思维活动，如判断、推理、识别、感知、通信、思考、规划、学习和问题求解等。

人工智能经历了以下几个发展阶段。

第一阶段：萌芽期（1956 年之前）。此阶段人类一直在寻找提高工作效率、减轻工作强度的工具。

第二阶段：第一次高潮期（1956—1966 年），即人工智能学科诞生。此阶段开启了以计算机程序来模拟人类思维的道路。同时此阶段还出现了大量专业领域的应用系统，直到现在仍被广泛应用。

第三阶段：低估发展期（1967 年—20 世纪 80 年代中期）。人工智能的进一步研究发展在此阶段遇到了很大的阻碍。

第四阶段：第二次高潮期（20 世纪 80 年代中期—20 世纪 90 年代初）。随着第五代计算机的研制成功，人工智能获得了进一步发展。人工智能开始进入市场，其优秀的表现使人们意识到了人工智能应用的广阔前景。

第五阶段：平稳发展期（20 世纪 90 年代之后）。互联网的发展使人工智能的开发研究由个体人工智能转换为网络环境下的分布式人工智能，原来的问题在此得到了极大的解决，人工智能已经开始渗入人民的生活。

（二）人工智能技术概述

人工智能技术是在包括计算机科学、控制论、信息论、心理学、语言学及哲学等多种学科相互渗透的基础上发展起来的一门新型边缘学科，主要用于研究用机器（主要是计算机）来模仿和实现人类的智能行为。经过几十年的发展，人工智能在不少领域得到发展，在我们的日常生活和学习当中也有许多应用。

1. 智能感知

智能感知包括模式识别和自然言语理解。人工智能所研究的模式识别是指用计算机代替人类或帮助人类感知的模式，是对人类感知外界功能的模拟，研究的是计算机模式识别系统，也就是使一个计算机系统具有模拟人类通过感官接受外界信息、识别和理解周围环境的感知能力。而自然言语理解，就是让计算机通过阅读文本资料建立内部数据库，可以将句子从一种语言转换为另一种语言，实现通过给定的指令获取知识等。此类系统的目的就是建立一个可以生成和理解语言的软件环境。

2. 智能推理

智能推理包括问题求解、逻辑推理与定理证明、专家系统、自动程序设计。人工智能的第一个主要成果是国际象棋程序的发展。在象棋应用中的某些技术，如果再往前看几步，可以将很难的问题拆分为一些比较容易的问题，开发问题搜索和问题还原等人工智能技术。而基于此的逻辑推理也是人工智能研究中时间最长的子领域之一。这就需要人工智能设备不仅有解决问题的能力，还需要有假设推理能力和直觉技巧。在此两者的基础上出现的“专家熊”就是一个相对完整的智能计算机程序系统。它应用大量的专家知识，解决相关领域的难题，它经常要在不完全、不精确或不确定的信息基础上得出结论。而所有这三个功能的实现都是最终实现自动程序的基础。

3. 智能学习

学习能力无疑是工智能研究中最突出和最重要的方面。学习更是人类智力的主要标志，是获取知识的基本手段。近年来，人工智能技术在这方面的研究取得了一定的进展。取得的成果包括机器学习、神经网络、计算智能和进化计算。而智能学习正是计算机获得智能的根本途径。此外，机器学习将有助于发现人类学习的机制，揭示人类大脑皮层的奥秘。所以这是一个一直受到关注的理论领域，思维和行动是创新的，方法也是近乎完美的，但目前我们在智能学习方面的研究水平还距离理想状态有一定的距离。

4. 智能行动

智能行动是人工智能应用最广泛的领域，也是最贴近我们生活的领域，包括机器人学、智能控制、智能检索、智能调度与指挥、分布式人工智能与真体（agent）、数据挖掘与知识发现、人工生命、机器视觉。智能行动就是对机器人操作程序的研究。本研究领域从研究机器人手臂相关问题开始，进而获得最佳的规划方法，以获得完美的机器人移动序列为目标，最终成功产生人工生命，而将来智能人工生命的成功研制也必将成为人工智能技术突破的标志。

二、旅游业中人工智能的应用

人工智能技术在旅游业中也有很大的应用空间，如快速定制旅游线路以提高传统旅行社的效率；根据先前的预订或近期的旅行计划推荐辅助服务；帮助用户实现安全支付，防止支付欺诈的风险等，以及旅行社依靠人工智能引擎来制定行程。消费者现在有了更多的旅游选择，可以通过多种设备进行旅游研究，完成旅游产品的购买，但这也意味着他们面临太多的选择，很难从多种选择中做决定。旅行社将人工智能和人工服务结合起来，简化消费者的选项，优化旅客旅行路线。

【案例分享】

案例一：智能定制旅游

某旅游科技公司创始人、首席执行官张某表示：游客的需求不再仅限于去一个目的地或住在酒店了。如今的消费者，特别是千禧一代，不仅仅是在寻找观光旅行，他们想体验当地的生活，比如体验当地居民的兴趣和爱好（绘画、音乐等）。定制旅游的过程应该是自动化的。智能旅行希望通过人工智能路由平台实现定制旅行自动化。

这个奇妙的旅行计划成立了四年，资金总额约为 2 600 万美元，该公司目前雇用了约 2 600 万名员工。该计划开发了一个工具/界面，用户可以设置出发城市、旅行天数、目的地和旅行偏好来定制旅行计划，包括酒店、交通、景点等。这一计划可以在数秒内获得。该解决方案通过从 B2B 和 B2C 资源（包括 OTA 和其他中间服务提供商）搜索产品选择来生成上述方案。创意团队将数据、快速程序处理和智能算法相结合，使软件能够通过数据模式或功能自动实现机器学习。

智能旅行根据旅行计划、预算、优惠甚至具体要求（如选择一家有特定星级或想在巴黎观看网球比赛的酒店）规划旅行，并将详细情况编入旅行指南，以方便游客的旅行日程安排。它还可以提供实时的在线价格比较，创造旅游和报价，大大提高了旅游代理商的效率。经游客确认后，代理人将为乘客准备一份建议书和报价。它还自动为乘客生成电子旅游指南。旅客也可以根据这个时间表申请签证。该计划还考虑了全球分销系统（GDS）的旅游产品资源，甚至可能试图推广针对 GDS 的个性化旅游解决方案。

资料来源：环球旅讯. 人工智能在中国旅游业的应用案例：定制旅游、翻译机、精准营销[EB/OL](2018-07-02)[2022-08-20].https://www.traveldaily.cn/article/122880.

案例二：移植术

中国企业在可穿戴实时翻译工具方面也取得了显著进步。深圳太空纸箱技术有限公司的联合创始人秦载说道："当中国游客考虑出国旅游时，他们最关心的是语言问题。"

"时空壶"是一家获得柏林国际旅游交易会（ITB）2018 年旅游创业奖的公司。它已经开发出一种时空壶同声翻译耳机（wt2）。用户戴着 wt2 耳机通过该耳机可以将声音传送到智能手机的应用程序并翻译，然后将翻译结果发送给第二个戴耳机的人。秦载说："我们的 wt2 设备是世界上第一个实现'1+2'功能的实时翻译耳机，只用一对耳机就可以与外国人交谈。与手持翻译设备相比，使用 wt2 进行对话的两个人不必一次又一次地传递该设备，也不需要让对话者下载该程序。"空时壶的联合创办人秦载接受了采访。他提到，虽然有当地导游可以帮忙翻译，但每天 100 美元的服务费对大多数游客来说还是太多了。此外，导游翻译也不会总是跟着乘客到处转。秦载说："使用 wt2 实时翻译耳机进行人工智能机器翻译，乘客需要询问航班信息，只要他们在问路时戴上耳机即能与外国人交谈。在购物、就餐和其他目的地旅游活动中，这种交流方式可以使旅行更加有趣。"

资料来源：环球旅讯. 人工智能在中国旅游业的应用案例：定制旅游、翻译机、精准营销[EB/OL](2018-07-02)[2022-08-20].https://www.traveldaily.cn/article/122880.

案例三：数字营销

旅行过程涉及不同的阶段，购买交易可能发生在不同的环节。旅游企业利用历史数据，人工智能对旅客的旅游规划行为模式进行分析，并利用这些信息预测旅客的下一步行为，从而准确定位受众广告。大数据集团威朋（Vpon）通过对中国逾 6 亿部移动设备的分析，准确识别了护照持有者和高消费人群。

Vpon 认为，受众的准确定位需要依靠人工智能、大数据和集体智能。人工智能仍然需要通过大量的数据来学习数据模式。Vpon 通过人工智能研究各种算法来理解数据，然后对不同类型的乘客进行划分——他们是否持有护照，是否经常旅行，等等。此外，准确定位受众还需要具备人类智力和集体智力的要素。

人工智能正被整合到不同的业务领域。不仅要翻译，还要面对识别、自动驾驶、聊天机器人、数字营销等。这些技术将使我们的生活和工作变得更容易和更美好。目前，翻译是人工智能在旅游业和商务领域的最佳应用之一。

资料来源：环球旅讯. 人工智能在中国旅游业的应用案例：定制旅游、翻译机、精准营销[EB/OL](2018-07-02)[2022-08-20].https://www.traveldaily.cn/article/122880.

案例四：自动驾驶技术

正如现在的手机除了打电话之外还能做很多其他事情，汽车可以做到的也远不止行驶和停车。近年来，自动驾驶汽车行业一直在与主要科技公司合作，共同推出最先进、最安全、最舒适的汽车。汽车正在演变为拥有先进紧急制动能力、自动驾驶测绘技术、更高的燃油效率而且能作为交通工具的大型智能设备。

自动驾驶汽车提高了司机和周围车辆的安全性，它们能够从A点行驶到B点，在整个过程中都没有什么麻烦，还能在行驶途中给乘客提供娱乐服务。在未来几年里，汽车行业有望进一步发展，使我们更加靠近互联的、数字化的环境。Blinker就是这样一个手机软件，它将控制权交还给消费者，让他们可以在智能手机上购买、销售和投资汽车。

人工智能（AI）和机器学习（ML）对汽车工业的未来有着重要的影响，因为预测能力在汽车中的应用越来越普遍，它能够使驾驶体验更加个性化。越来越多的制造商正在应用利用数据的算法，自动完成车辆的设置过程，包括汽车的信息娱乐系统和应用程序偏好，等等。汽车正在成为物联网设备，可以连接智能手机，接收语音指令，改变用户界面。

预测技术也可以应用于汽车内的传感器，它可以告诉车主，汽车是否需要修理。根据汽车的行驶里程和行驶状况，这项技术将能够估计汽车性能，实时预约修理，并告知用户汽车可能存在的任何安全隐患。许多汽车已经具备了半自动驾驶的能力。这些技术和功能包括自动制动传感器、高速公路车道传感器、监控盲点的测绘技术、汽车后置摄像头、自适应巡航控制和自动泊车功能。

资料来源：自动驾驶汽车四种最具突破性的技术浅析[EB/OL](2022-08-15)[2022-08-20].http://outofmemory.cn/dianzi/2684488. html

案例五：汽车即服务

汽车即服务（car as a service，CaaS）是指汽车制造商、经销商和服务提供商提供的产品服务中不再有人工驾驶服务，而以短租、长租、超短租、出险代步车来区分不同的服务形态。智能设备用户可以通过一款应用程序租赁一辆配备无人驾驶技术的汽车，这辆汽车可以为他们提供交通或送货服务。这项技术的伟大之处在于，用户不需要驾驶执照就能进入这些车辆，这些共享汽车就像无人驾驶的Uber一样。

IHS AutomoTIve 预测，完全商用的无人驾驶CaaS即将在2025年之前推出。这种技术可以帮助用户降低移动服务的成本，同时也为人类司机提供了一个更安全的替代方案。

科技行业的一些知名公司已经与汽车公司联手，以改善我们的汽车运营方式。随着越来越多的公司开始设计带有电动机的汽车，电动汽车技术的兴起有助于减少碳排放，同时又有助于缓解交通压力。

大数据和人工智能在汽车定制中也扮演着重要角色。大数据和人工智能系统可以通知车主他们的车辆何时需要维修。此外，自动驾驶汽车的崛起以及 CaaS 作为移动服务的潜力，将极大地帮助消费者节约资源，同时也能让他们更安全。

资料来源：网易智能. 最具突破性的自动驾驶汽车技术 未来会是这样的！[EB/OL] (2018-04-02)[2022-08-20].https://www.163. com/tech/article/DECE1KHQ00098IEO.html

三、人工智能对旅游业的影响

（一）人工智能对旅游业的影响

旅游业正在慢慢地将人工智能融入行业当中，并为游客提供个性化的定制体验。在人工智能的推动下，旅游业的业务流程和客户服务都发生了巨大的变化。人工智能技术被广泛用于旅游业。

1. 虚拟现实

现在是时候让旅游公司丢掉传统的纸质宣传册了，因为虚拟现实技术（VR）耳机可以让游客对酒店周围的房间和区域有实时了解。VR 可以为客户提供较高程度的客户体验，甚至个性化的旅游体验，可以帮助旅游公司提高转化率。

2. 机器学习

机器学习是一门多领域交叉学科，涉及概率论、统计学、逼迫论、凸分析、算法复杂理论等多门学科。它专门研究计算机怎样模拟或实现人类的学习行为，同时通过提供实时接待来增强客户服务。有了机器学习，游客不必计划他们的旅行，计算机将帮助客户预定他们想去的目的地，并向客户推荐该地区的每一个值得去的地方和美食。

3. 人工智能算法

人工智能算法主要用于验证和分析数据，帮助企业能够了解客户的偏好。人工智能将帮助旅游企业完成定价、销售、收集客户偏好的工作以及掌握其他提高利润率的方法。人工智能将有助于企业对客户行为做出战略性决策，并使许多流程实现自动化，提升业务水平。在人工智能算法的帮助下，游客可以快速地得到他们想要的东西，甚至不需要打电话给酒店的客服。

4. 聊天机器人

聊天机器人可以通过即时回答客户的问题来提升客户体验。商家针对客户社交媒体的帖子、网站和博客评论中的负面评价进行人工回复的方式已经不能够及时有效地解决问题。在聊天机器人的帮助下，客户获取信息和反馈信息的效率得到有效提升。

人工智能技术帮助游客更精准地匹配出行需求，也可以让游客的出行体验更智能、更便捷。如今，人工智能技术已经渗透到旅游业的各个方面，人们可以根据自己的需求定制个性化、智能化的旅游方案。

（二）人工智能在旅游业发展中的影响和发展方向

目的地和景区的线下业态被搬到了线上，人工智能对于旅游行业的每个企业来说都是非常重要的技术，因为其计算能力已经有了突飞猛进的进步，在互联网、移动互联网时代积累的巨大数据量，跟之前相比也有了翻天覆地的变化。例如，语音识别技术使得智能应答成为可能，如现在接电话的不一定是人工客服；图像识别技术使得刷脸入住、刷脸入园、无人服务酒店成为现实。低速无人车，在景区将会有非常快的应用，以及智能营销智能推荐等方面，都有了翻天覆地的变化。例如，来自艾意凯咨询（L. E. K）的阿兰·路易斯（Alan Lewis）引用了的国外少儿故事 *Goldilocks and the Three Bears*（《金发姑娘和三只熊》）来描述未来旅职业中端消费商场将成为顾客的“不多不少，正正好”的挑选。路易斯说：“一般新式技能首要影响的都是高端消费商场，比方具有最新功能的轿车，电子产品和时髦产品。但旅游业不同，其受新式技能影响最大的将是中端消费商场。当 AI 带来更多的个性化和人性化服务，预算有限的顾客将更倾向于中端消费。”

另外，传统旅行社将面临 AI 旅行社的挑战。借助 AI，辅以人工参与，依据顾客的预算、出游日期和喜好等供给旅行产品和服务，比方为喜好探险的顾客提供露营、徒步旅行活动，为他们推荐相关的旅行配备装备等。路易斯以为，这无疑为旅游业带来了新的商机。

参考文献

[1] 俞露，陈余安，方智翔，等．基于 ZigBee 技术的智慧旅游系统 [J]．计算机可以与应用，2019（6）：1142-1148.

[2] 李超．智慧旅游中人工智能技术运用 [J]．通讯世界，2020，27（12）：201-202.

第四章　智慧旅游相关基础技术与应用体验

第一节　地理信息系统与卫星定位技术实践

一、地理信息系统在旅游业的应用

（一）信息查询中的应用

旅游活动与地理联系十分密切，无论是旅游景点、道路信息、服务设施等在地图上标注的地理坐标，还是地图软件对游客的指引，这些在地理信息系统中，都包含了全面、丰富的地理区位数据信息。系统空间数据在电子地图上汇集了丰富的空间与非空间数据信息。现阶段，在旅游信息系统的开发中，地理信息系统发挥着重要作用。景区通过信息管理软件，建立旅游信息网站（包含交通路径、旅游景点、旅游环境、旅游区域特点与人口密度等）方便游客查询相关信息。近些年来，随着地理信息技术的不断发展，旅游信息与数字设备有效结合，旅游者利用网络终端，即可快捷、实时查询旅游信息。而地理信息系统通过整合旅游资源，构建数据信息库，使用户查询全时域、全空间、全方位的旅游信息。在电子地图上，游客可查询到任一旅游景点的相关信息。

（二）旅游开发中的应用

旅游景点在开工建设之前，按照规划设计方案，提出评估预防预案，获取相关旅游资源数据。利用地理信息系统进行旅游分析。现阶段，对于旅游规划方面，地理信息系统重点分析研究了旅游资源空间，构建了空间数据库与地理信息数据库，形成资源评估、设计模型，届时人们在地图上，即可直观地评估资源。

1. 旅游目的地发展条件分析

利用地理信息系统，即可分析旅游目的地的发展条件。因此地理信息系统是景观设计、场地规划的重要基础，它利用层次分析法进行定量图文分析，并结合各种数据图层，掌握区域状况、经济与政策现状，理性分析环境，对土地开发方案、利用方案实施评估。同时，地理信息系统可分析旅游目的地的灾害风险、灾害类型，建立旅游灾害预防、损失测度、灾害风险等指标体系，结合检测的数据，通过地理信息系统成图，直接向管理部门反映，进而为旅游目的地的环境改造提供预防数据信息。

2. 旅游客源分析

在旅游开发中，景区必须加强客源市场分析。旅游者大多按照自身兴趣与特征，做出旅游决策，景区若缺乏对旅游群体的分析，会使得景区的旅游规划与游客实际需求脱离。而景区通过地理信息系统，对旅游地人口、吸引力、目标群体进行分析，了解地理信息数据，结合旅游者行为规律，对目标市场范围进行分析，加强客源属性分析，能够为景区规划者提供科学的营销策略。

3. 旅游环境分析

在旅游环境中，环境廊道、旅游廊道是重要理念，考虑旅游地植被、地形、水体等因素，制作成数据图形，再进行叠加，使环境廊道科学划分。分析主要包含建立水体层、湿地层、陡坡层等方法，然后建立环境廊道，使水体层、湿地层、陡坡层三种主体土层进行叠加，构成一个鲜明、多样的线性廊道，通过环境廊道图形，确定优先、重点的旅游地保护区。

4. 旅游区的动态空间、静态配置分析

通过地理信息系统对景观视线与时域进行分析，检测服务设施配置，数据准确率较高。利用地理信息软件，按照地图采样精度，使景观区域的空间信息、地理信息得以准确地表达出来，按照各种时域与视线要求，达到较高分析精度，为旅游区的微观设计、宏观设计提供数据。针对服务设施的配置，按照旅客浏览时间及生理，合理布置洗手间与休憩地，在地理信息系统中，均可简单、普遍布置。

5. 制作旅游专题图

地理信息系统使传统二维地图逐渐转向三维地图。对于旅游规划，地理信息系统的文本编辑、图形编辑功能较强，且使用者对数据的维护十分便捷，使其出图成本极大降低，提高了制图效率。在地理信息系统中，各图形数据通过分层储存，为用户提供全要素图形，按照用户需求分层输出专题图形，通过地形图、景点的叠加，制作成一张详细、准确导游图。

二、卫星定位技术

卫星定位系统是一种使用卫星对某物进行准确定位的系统，它从最初的定位精度低、不能实时定位、难以提供及时的导航服务，发展到现如今的具有高精度、实时性特点的GPS全球定位系统。如今的卫星定位技术已实现了在任意时刻、任意地点都可以同时观测到4颗卫星，以便实现导航、定位、授时等功能。卫星定位可以用来引导飞机、船舶、车辆及个人，安全、准确地沿着选定的路线，准确到达目的地。卫星定位还可以应用到手机追寻等功能中。

（一）卫星系统的组成

1. 美国 GPS 卫星导航系统

GPS 全球卫星定位系统由三个部分组成：空间部分——GPS 星座；地面控制部分——地面监控系统；用户设备部分——GPS 信号接收机。

（1）空间部分。

GPS 的空间部分是由 24 颗工作卫星组成，它位于距地表 20 200km 的上空，均匀分布在 6 个轨道面上（每个轨道面 4 颗），轨道倾角为 55°。此外，还有 4 颗有源备份卫星在轨运行。卫星的分布使得在全球任何地方、任何时间都可观测到 4 颗以上的卫星，并能保持良好定位解算精度的几何图像。这就提供了在时间上连续的全球导航能力。GPS 卫星产生两组电码，一组称为 C/A 码，一组称为 P 码，P 码频率较高，不易受干扰，定位精度高，因此受美国军方管制，并设有密码，民间一般无法解读，主要为美国军方服务。C/A 码主要开放给民间使用。

（2）地面部分。

GDP 的地面控制部分由一个主控站、5 个全球监测站和 3 个地面控制站组成。监测站均配装有精密的铯钟[①]和能够连续测量到所有可见卫星的接收机。监测站将取得的卫星观测数据（包括电离层和气象数据），经过初步处理后，传送到主控站。主控站从各监测站收集跟踪数据，计算出卫星的轨道和时钟参数，然后将结果送到 3 个地面控制站。地面控制站在每颗卫星运行至上空时，把这些导航数据及主控站指令注入卫星。这种指令对每颗 GPS 卫星注入每天一次，并在卫星离开注入站作用范围之前进行最后的注入。如果某地面站发生故障，那么在卫星中预存的导航信息还可使用一段时间，但导航精度会逐渐降低。

（3）设备部分。

GDP 用户设备部分即 GPS 信号接收机，其主要功能是捕获按一定卫星截止角所选择的待测卫星，并跟踪这些卫星的运行。当接收机捕获到跟踪的卫星信号后，即可测量出接收天线至卫星的伪距离和距离的变化率，从而解调出卫星轨道参数等数据。根据这些数据，接收机中的微处理计算机就可按定位解算方法进行定位计算，计算出用户所在地理位置的经纬度、高度、速度、时间等信息。接收机硬件和机内软件以及 GPS 数据的后处理软件包构成完整的 GPS 用户设备。GPS 接收机的结构分为天线单元和接收单元两个部分。接收机一般采用机内和机外两种直流电源。设置机内电源的目的在于更换外电源时观测不中断。在用机外电源时机内电池自动充电。关机后，机内电池为 RAM 存储器供电，以防止数据丢失。各种类型的接收机体积越来越小，重量越来越轻，便于野外观测使用。

GPS 定位技术具有的高精度、高效率和低成本等优点，使其在各类大地测量控制网的

---

① 铯钟又称铯原子钟，是一种精密的计量器具。

加强改造和建立以及在公路工程测量和大型构造物的变形测量中得到了较为广泛的应用。

2. 欧洲的伽利略卫星导航系统

伽利略（Galileo）卫星导航系统是欧洲自己的全球导航卫星系统，是一个提供民用控制的高精度、有承诺的全球定位服务，并能与GPS和格洛纳斯（GLONASS）全球导航定位系统实现互操作的系统。

其服务可用性承诺在所有的情况下，包括非常环境下，当任何卫星有故障后系统几秒钟内就会通知到用户，这种服务适合于至关紧要的安全应用，如行进中的火车、导航着的汽车和着陆时的飞机。

Galileo提供的服务有四种：公开服务（OS）、生命安全服务（SoLS）、商用服务（CS）和公共特许服务（PRS）。值得指出的是，Galileo还具备基于工作的国际搜救系统的全球搜索与救援（SAR）功能，每颗卫星上装有转发器，能将用户发出的求救信号转发到救援合作中心，启动救援工作。

Galileo的空间段由位于中高度轨道的30颗卫星构成，分别置于3个轨道面，轨道高度为23 616千米，倾角为56度；卫星质量为625千克，在轨寿命15年。

3. 俄罗斯的格洛纳斯卫星导航系统

格洛纳斯（GLONASS），是俄语“全球卫星导航系统”的缩写。GLONASS最早是在苏联时期开发的，后来转由俄罗斯继续实施该计划。1993年，俄罗斯开始独自建立本国的全球卫星导航系统；2007年，GLONASS开始投入运营，不过那时候只开放了俄罗斯境内的卫星定位和导航服务；到了2009年，该系统的服务范围就已经拓展到全世界。该系统主要服务内容包括确定陆地、海上及空中目标的坐标及运动速度信息等。2022年7月7日，俄罗斯使用“联盟-2. 1b”运载火箭成功将一颗“格洛纳斯-K”导航卫星送入预定轨道，并计划将在2030年后将定位精度提高到10厘米。

4. 中国“北斗”卫星导航系统

中国北斗卫星导航系统（BeiDou navigation satellite system，BDS）是中国自行研制的全球卫星导航系统，也是继GPS、GLONASS之后的第三个成熟的卫星导航系统。中国北斗卫星导航系统（BDS）和美国的GPS、俄罗斯的GLONASS、欧盟的GALILEO，是联合国卫星导航委员会已认定的供应商。北斗卫星导航系统由空间段、地面段和用户段三部分组成，可在全球范围内全天候、全天时为各类用户提供高精度、高可靠定位、导航、授时服务，并且具备短报文通信能力，已经初步具备区域导航、定位和授时能力，定位精度为分米、厘米级别，测速精度为0.2米/秒，授时精度为10纳秒。全球范围内，已经有137个国家与北斗卫星导航系统签下了合作协议。随着全球组网的成功，北斗卫星导航系统未来的国际应用空间将会不断扩展。

三、地理信息系统与卫星定位技术在智慧旅游中的应用实践

（一）地理信息系统在智慧旅游中的应用实践

地理信息系统（geographic information system 或 geo-information system，GIS）有时又被称为“地学信息系统”。它是一种特定的、十分重要的空间信息系统。它是在计算机硬、软件系统支持下，对整个或部分地球表层（包括大气层）空间中的有关地理分布数据进行采集、储存、管理、运算、分析、显示和描述的技术系统。

地理信息系统实现了地形图与分布图的叠加，为旅游者提供了快捷、准确的数据信息。按照现阶段地理信息系统的研究现状，在旅游业中，地理信息系统并未得到广泛应用。可以说，地理信息技术作为高新技术，所处行业属于技术型、密集型产业，不管是购置软硬件设施，或数据更新、产品生产，投入资金的数额较大，投入和产出之间具有较大差距，严重影响了地理信息系统在旅游业中的发展。

数据标准化与共享。数字地图因系统庞大，基础数据源缺乏共性，因此，实现数据标准化的关键在于解决部分基本数据来源，使整体规划、设计数据费用降低。所以，从构建地理信息系统的规划开始，我们就必须考虑数据更新、维护的问题，使数据采集日常化、常态化，以确保地理信息系统的持续运行。

1. 旅游行业对于地理信息系统应用的需求

不管是针对景区的环境管理，还是为游客提供信息服务，都离不开景区的地理信息。因此，地理信息系统成为景区智慧管理与服务的基础系统，当然它也是智慧旅游建设的关键。如何运用地理信息系统技术为旅游管理和旅游服务信息化系统提供强有力的技术支撑，是建设智慧景区需要首先考虑的问题。

（1）游客的需求以及根据需求提供的产品。

游客作为旅游资源的客体，研究其需求、为其创造需求、满足其需求是景区开发的主要目标。随着散客的增加和旅游需求向多元化发展，游客对旅游信息化提出了更高的要求。传统的旅行社组团旅游的方式旅行线路相对单一、千篇一律，已不能满足游客个性化和灵活性高的旅游服务的需求。因此，越来越多的游客开始选择自助旅游，他们希望获得旅游目的地更多的内容、更加广泛的信息，以便增加自主选择的机会。借助旅游信息系统，景区就可以满足游客个性化旅行的需求，其中最直观的展现方式就是将信息可视化地呈现在游客眼前。利用地理信息系统来满足这种需求而打造的产品有景区导览（图 3-1）、地图导航、景区 VR、720°全景等。

图 3-1 智景游为海南南湾猴岛景区打造的游客导览服务

（2）景区的需求以及根据需求研发的产品。

景区建设需要遵循资源最优化利用的原则，在最大范围内将原有系统集成到新系统中，构建统一指挥、快速反应的管理体系。

构建统一开放的 GIS 平台（图 3-2），完成地理信息数据库建设，完成可视化的地理信息平台的基本功能开发，进而构建检测、监控、管理一体化平台。在构建一体化平台的基础上，将视频监控、公共智能广播系统、综合票务系统、统计分析等子系统进行整合，构建面向政府、企业、本地居民和游客的智慧旅游各项业务的应用信息管理系统，彻底解决信息孤岛问题，从而实现信息化建设的历史性跨越，实现环境宜居、宜游、智慧化，安全防控智慧化，旅游便捷智慧化，公共管理与服务智慧化。

通过 GIS 平台，管理者和游客无论在哪里都可以随时、随地通过多种终端设备按需获取自己所需要的信息并完成相应的操作。

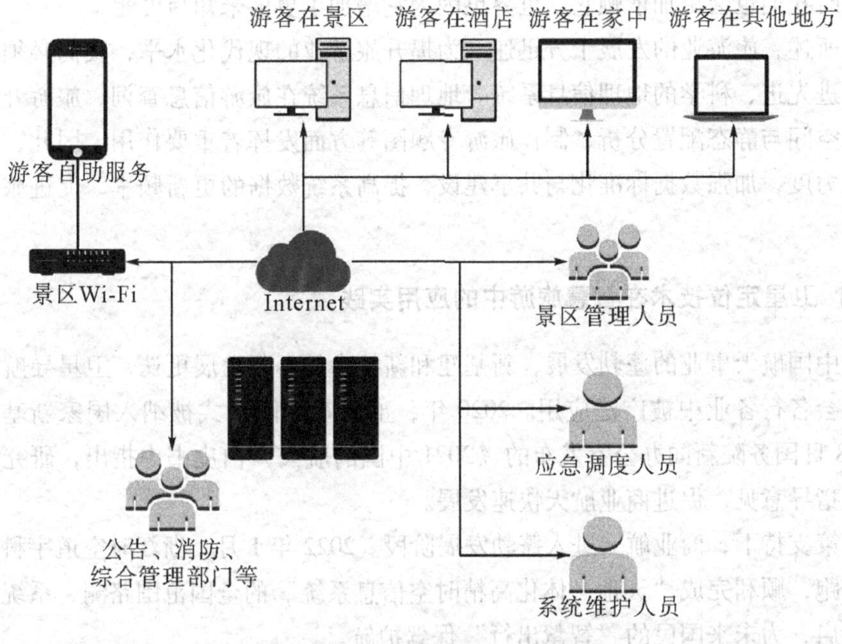

图 3-2　智景游 GIS 综合管控平台的拓扑图

2. 地理信息系统平台的未来发展可能性

（1）定位技术发展（室内、高精度、小型化）。

智能手机让每个人都有了感知地理位置的能力，然而，目前的定位功能还存在很多局限。例如，室内、野外还有很多卫星定位盲区，定位精度还不够高，高精度定位设备不便携等。随着室内定位、差分定位、网络定位等技术的快速发展，未来地理信息系统平台也将实现随时随地精准定位。定位技术的迅速发展，会对位置服务的应用带来深远的影响。

（2）跨行业数据透视。

空间数据分析和挖掘一直是 GIS 最强大的武器，但它却没有得到充分利用。随着大数据、云计算的发展，数据进入了一个快速发展的时代，地理信息系统数据能够与很多行业数据进行交叉，产生奇妙的化学反应。从景区的地理信息系统平台获取到气象局的数据、交通局的数据、酒店住宿的数据，都可以助力景区的运营决策。

（3）与人工智能的跨界合作。

现在的地理信息系统依然还停留在“你想要什么，我给就你分析什么”的阶段，人工智能在地理信息系统领域的不断学习逐渐揭示出一种新前景，即“我给你什么，你才想到什么”。这样的前景令人激动，地理信息系统真正从一个工具变成了一位助手，一位聪明的、懂人心意的、精确无比的“助手”。

地理信息系统从出现到现在，短短几十年，它已经融入了这个世界，改变了人们的生活方式。随着地理信息系统越来越快的发展，它将会在我们的生活中扮演着越来越重要的角色，同时我们也会更加依赖它。世界也因为它增加了更多未知与可能。

综上所述，旅游业的发展十分迅速，为提升旅游业的现代化水平，我们必须转变传统观念，引进先进、科学的地理信息系统。地理信息系统在旅游信息查询、旅游开发、旅游区的动态空间与静态配置分析、制作旅游专题图等方面发挥着重要作用。因此，我们必须加大投入力度，加强数据标准化与共享建设，提高系统数据的更新频率，促进旅游业的进一步发展。

（二）卫星定位技术在智慧旅游中的应用实践

随着中国航天事业的蓬勃发展，新基建和新技术的不断发展更迭，卫星导航及位置服务正在社会各行各业中被广泛应用。2020 年，卫星互联网正式被纳入国家新基建。2022 年 1 月 28 日国务院新闻办公室发布的《2021 中国的航天》白皮书中指出，研究制定商业航天发展指导意见，促进商业航天快速发展。

在政策支持下，商业航天进入蓬勃发展阶段。2022 年 1 月，浙江时空道宇科技有限公司率先起跑，顺利完成“天地一体化高精时空信息系统”的全国范围路测，系统的商用窗口即将开启，为未来国民的“智慧出行”保驾护航。

【案例分享】

案例一：“厘米级”高精定位，“瞬时”锁定移动目标

艾媒咨询（iiMedia Research）新近发布的《2021—2022 年中国高精定位市场专题研究报告》中显示，2021 年中国卫星导航与位置服务产业产值约为 4 650 亿元，预计 2023 年后平均保持 20%以上增速，产业发展具有巨大的市场潜力，是一片蓝海市场。

说到“智慧出行”，人们立刻就会联想到汽车出行中的“智能导航定位系统”，而现代互联网的高速向前发展，各种不同的运用场景，都需要定位系统能够在使用过程中快速识别并且精确定位。基于此需求，2020 年 1 月，时空道宇完成了“天地一体化高精时空信息系统”的全国范围路测，其“高精定位技术”精确度达到“厘米级”，能够实现满足 99.99%的可用性，并且预计在今年将提供覆盖全国的“厘米级”高精定位服务。

通俗易懂地说，“厘米级高精定位系统”一般指的是：通过特定定位技术获取目标在全球坐标系下的位置信息，而解算出来的位置坐标和真实位置坐标的精度误差范围，一般分为：厘米级、分米级和亚米级。目前使用较为广泛的高精定位技术分别是实时动态定位（RTK），即载波相位差分技术，以及精密单点定位（PPP）。而时空道宇为用户提供的是“高可靠、高可用、高精度、安全专业的 PPP-RTK 定位服务”。

在现代城市道路中，路况通常是比较复杂难辨的，地图上的数据不够精确、更新不够及时；手机也经常会遇到信号不良或者是定位有偏差，导致绕路、偏航等情况发生。而时

空道宇核心团队所打造的“天地一体化高精时空信息系统”，是依靠实时接收低轨卫星和全球卫星导航系统（GNSS）的信号，并依托自有的地基 PPP-RTK 时空信息网络，融合 5G 通信网络，为用户提供“高可靠、高安全性和瞬时触达”的高精度定位服务。即使在城市拥堵的高架或者偏僻路段等复杂环境中，也能确保实时定位结果准确，不偏离道路。

目前，该技术验证工作已在全国累计出动测试车二十余辆，并覆盖全国 30 个省市自治区，十余个重点城市群进行了深入测试，计划于 2026 年提供全球“瞬时厘米级”定位服务，这将是一次全新的高级服务体验。

资料来源：砍柴网．“卫星”赋能“高精定位技术”，时空道宇打造“智慧出行”［EB/OL］.（2022-04-06）［2022-04-30］.

案例二：“卫星”赋能“智慧出行”，全力打造“智慧城市”

2021 年至今，国内社会各界对高精定位的关注度甚高。同年 4 月，由于“5G+北斗高精度定位”将进入大规模实测应用阶段等事件的发布，社会普遍对国内高精定位市场的发展持积极乐观的态度。

可见，高精定位技术在大众生活服务中存在着较大的市场需求以及发展机会。时空道宇所打造的“天地一体化高精时空信息”系统，深度融合物联网、大数据、云计算、人工智能、GIS 等技术，结合可感知高精度时空信息的芯片、模组、终端等硬件设备，在各种运用场景中，均可发挥出更准确高效、智能安全的定位功能，满足不同行业的用户各方面的定位需求。

像运用最多的场景——智慧出行，高精定位技术可以通过高效精确的“瞬时定位”，为智能汽车的车主用户带来更高效、便捷的服务体验；另外运用于无人机领域，则可使无人机的定位飞行控制操作更顺畅、便捷，操控起来更智能；再如，运用于“智慧航海”，即使在浩渺广阔的海洋里，也能够获取精准的位置信息，结合地图数据，为远航指引正确精准的方向；除以上常见的场景之外，还服务和赋能“未来出行”“物联网”“消费电子”“无人系统”“智慧海洋”“新基建”等多个行业的用户和合作伙伴。甚至为打造“智能城市”贡献出自身的科技资源和力量。

当下，5G 等新一代技术将推动国民生活智能化，进一步助推高精定位技术应用往生活化场景逐步渗透。如此准确、安全高效的“高精定位系统”，定能让民众的出行更智能化、更便捷可靠。

资料来源：节选自杨磊《“卫星”赋能“高精定位技术”，时空道宇打造“智慧出行”》

第二节 通信技术实验与创新

一、通信技术

（一）通信技术的概念

通信技术在国际上称为远程通信，国内一般简称为电信。随着电信业务从以话音为主向以数据为主转移，交换技术也相应地从传统的电路交换技术逐步转向数据交换和宽带交换，以及适应下一代网络基于 IP 的业务综合特点的软交换方向发展。

通信技术产业是 20 世纪 80 年代以来发展最快的领域之一。不论是在国际还是在国内都是如此。这是人类进入信息社会的重要标志之一。通信就是互通信息。从这个意义上来说，通信在远古的时代就已存在。人与人之间的对话是通信，用手势表达情绪也算是通信。用烽火传递战事情况是通信，快马与驿站传送文件当然也算是通信。

纵观通信的发展分为以下三个阶段：第一阶段是语言和文字通信阶段。在这一阶段，通信方式简单，内容单一。第二阶段是电通信阶段。1837 年，莫尔斯发明电报机，并设计了莫尔斯电报码。1876 年，贝尔发明电话机。这样，利用电磁波不仅可以传输文字，还可以传输语音，大大加快了通信的发展进程。1895 年，马可尼发明无线电设备，从而开创了无线电通信发展的道路。第三阶段是电子信息通信阶段。从总体上看，通信技术实际上就是通信系统和通信网的技术。通信系统是指点对点通信所需的全部设施，而通信网是由许多通信系统组成的多点之间能相互通信的全部设施。

（二）通信技术的内容

现代的主要通信技术有很多，如数字通信技术、程控交换技术、信息传输技术、通信网络技术、数据通信与数据网、ISDN 与 ATM 技术、接入网与接入技术。

1. 数字通信技术

数字通信是用数字信号作为载体来传输消息，或用数字信号对载波进行数字调制后再传输的通信方式。它可传输电报、数字数据等数字信号，也可传输经过数字化处理的语声和图像等模拟信号。数字通信技术以其抗干扰能力强，便于存储、处理和交换等特点，已经成为现代通信网中的最主要的通信技术基础，广泛应用于现代通信网的各种通信系统。

2. 程控交换技术

程控交换技术主要是通过联合数据库技术以及计算机接口技术等来满足电信用户各种业务中的模块数据交换需求。程控交换技术由于具有功能丰富、稳定性强、体积较小等优点，当前在电信网络内运用较为普遍。就概念上分析，程控交换技术，是在应用计算机网络接口技术与数据库技术的基础上，实现对电信用户提供信息传输与交换功能而处理的环节。在20世纪70年代，全球首个程控数字交换研发问世，而伴随着社会发展以及半导体技术、计算机网络技术的日渐成熟，一系列具有各种特色的大型和中型容量的程控数字交换设备陆续出现，开始可以动态化地为电信用户提供通话、彩铃、短信、会议电话以及综合性数字服务等智能化功能，促使电信业务持续拓宽，这对电信网络发展起到了重要的推动作用。若是将程控交换技术与高新软件以及硬件结合起来进行应用，则具备以下多项优势特点。①当代先进技术不断优化完善，促使集成管更为微型、细小，交换机的自重、体积也随之显著缩小，功耗方面大幅度减小，充分实现了节能化应用。②程控交换技术和智能电网的数据交换，通过高速公共信息通道实行数据传递，从而使信号指令可以更好地适应新式业务和交换网操控等。③可以灵活、多元化地为用户提供各项服务，通过添加软件程序来使用户获得更为实用、方便的服务。④数字输送系统与数字处理终端实行连接，能够实现数据传递、数字交换技术和终端融合，进而提高通信质量和通信量大小。

3. 信息传输技术

信息传输技术主要包括光纤通信、数字微波通信、卫星通信、移动通信以及图像通信。

（1）光纤是以光波为载频，以光导纤维为传输介质的一种通信方式，其主要特点是频带宽，比常用微波频率高104~105倍；损耗低，中继距离长；具有抗电磁干扰能力；线经细，重量轻；耐腐蚀，不怕高温。

（2）数字微波中继通信是指利用波长为1mm~1m的电磁波通过中继站传输信号的一种通信方式。其主要特点为信号可以“再生”，便于数字程控交换机的连接，便于采用大规模集成电路，保密性好，数字微波系统占用频带较宽。因此，虽然数字微波通信只有20多年的历史，却与光纤通信、卫星通信一起被国际公认为最有发展前途的三大传输手段。

（3）简单而言，卫星通信就是地球上的无线电通信站之间利用人在地球卫星作中继站而进行的通信。其主要特点是：通信距离远，而投资费用和通信距离无关；工作频带宽，通信容量大，适用于多种业务的传输；通信线路稳定可靠；通信质量高等优点。

（4）早期的通信形式属于固定点之间的通信，随着人类社会的发展，信息传递日益频繁，移动通信正是因为具有信息交流灵活、经济效益明显等优势，得到了迅速的发展，所谓移动通信，就是在运动中实现的通信。其最大的优点是可以在移动的时候进行通信，方便、灵活。移动通信系统主要有数字移动通信系统（GSM），蜂窝移动通信系统（CDMA）。

（5）图像通信是传送和接收图像信号或图像信息的通信。它与目前广泛使用的声音通信方式不同，它传送的不仅是声音，还有看得见的图像、文字、图表等信息。这些可视信息通过图像通信设备变换为电信号进行传送，接收端再把它们真实地再现。可以说，图像通信是传送视觉信息的通信，或称它为可视信息的通信。

4. 通信网络技术

通信网主要分为电话网、支撑网和智能网。电话网是进行交互型话音通信、开放电话业务的电信网；一个完整的电信网除了有以传递信息为主的业务网外，还需要有若干个用以保障业务网正常运行、增强网络功能、提高网络服务质量的支撑网络，这就是支撑网。智能网是在原有的网络基础上，为快速、方便、经济、灵活地生成和实现各种电信新业务而建立的附加网络结构。

5. 数据通信与数据网

在通信领域，信息一般可以分为话音、数据和图像三大类型。数据是具有某种含义的数字信号的组合，如字母、数字和符号等。传输时，这些字母数字和符号用离散的数字信号逐一表达出来，数据通信就是将这样的数据信号加到数据传输信道上进行传输，到达接收地点后再正确地恢复出原始发送的数据信息的一种通信方式。其主要特点是：人—机或机—机通信，计算机直接参与通信是数据通信的重要特征；传输的准确性和可靠性要求高；传输速率高；通信持续时间差异大等。而数据通信网是一个由分布在各地数据终端设备，数据交换设备和数据传输链路所构成的网络，在通信协议的支持下完成数据终端之间的数据传输与数据交换。数据网是计算机技术与近代通信技术发展相结合的产物，它集信息采集、传送、存储及处理为一体，并朝着更高级的综合体发展。

6. ISDN 与 ATM 技术

综合业务数字网（ISDN）是一个数字电话网络国际标准，是一种典型的电路交换网络系统。ISDN 是一种在数字电话网国际化网域名称（IDN）的基础上发展起来的通信网络，ISDN 能够支持多种业务，包括电话业务和非电话业务。

ATM 技术（异步传输）是一种信元交换和多路复用技术。ATM 采用信元（cell）作为传输单位，信元具有固定长度，总共 53 个字节，前 5 个字节是信头（header），其余 48 个字节是数据段。信头中有信元去向的逻辑地址、优先级、信头差错控制、流量控制等信息。数据段中装入被分解成数据块的各种不同业务的用户信息或其他管理信息，并透明地穿过网络。

在数据传输中，来自不同业务和不同源端发送的信息统一以固定字节的信元汇集在一起，在 ATM 交换机的缓冲区排队，然后传送到线路上，由信息头中的地址来确定信元的去向。使用这种方法使任何业务可以按实际需要占用资源，从而保证网络资源得到合理利用。ATM 技术被广泛应用于银行等金融机构中。

7. TCP/IP 协议

传输控制协议/网际协议（TCP/IP），是指能够在多个不同网络间实现信息传输的协议簇，是互联网通用协议。TCP/IP 协议不仅指 TCP 和 IP 两个协议，还指一个由 FTP、SMTP、TCP、UDP、IP 等协议构成的协议簇。因为在 TCP/IP 协议中 TCP 协议和 IP 协议最具代表性，所以被称为 TCP/IP 协议。

【小实验】IP 地址是指互联网协议地址，又译为网际协议地址，是 IP address 的缩写。进入互联网的通信设备都有自己的 IP 地址。以华为手机 P40 为例，查看手机 IP 地址方法：

点击“设置”来打开设置页面。在打开的设置页面中点击“我的设备”选项。然后在打开的我的设备页面中点击“全部参数”选项。在打开的全部参数页面中点击下面的“状态信息”选项；然后在打开的页面中找到 IP 地址这个选项，在它的后面就可以看到手机的 IP 地址了。

二、智慧旅游中常见的通信技术应用

移动通信技术是智慧旅游中最常见并常用的通信应用技术。移动通信是物与物通信模式中的一种，主要是指移动设备之间以及移动设备与固定设备之间的无线通信，以实现设备的实时数据在系统之间、远程设备之间的无线连接。因此，移动通信可理解为物联网的一种物与物连接方式，是支撑智慧旅游物联网的核心基础设施。通信技术包括数字通信和模拟通信。模拟通信（anolog telecommunications）是利用正弦波的幅度、频率或相位的变化，或者利用脉冲的幅度、宽度或位置变化来模拟原始信号，以达到通信的目的，故称为模拟通信。数字通信（digital telecommunications）是用数字信号作为载体来传输消息，或用数字信号对载波进行数字调制后再传输的通信方式，以计算机为终端机的相互间的数据通信，因信号本身就是数字形式，而属于数字通信。卫星通信中采用时分或码分的多路通信也属于数字通信。它可传输电报、数字数据等数字信号，也可传输经过数字化处理的语声和图像等模拟信号。

常规的电话和电视都属于模拟通信，电话和电视模拟信号经数字化后，再进行数字信号的调制和传输，便称为数字电话和数字电视。

随着移动终端设备和技术如智能手机和掌上电脑（PDA）的发展与普及，移动通信技术使得信息技术的应用从以个人计算机为中心向以携带移动通信终端设备的人，即旅游者为中心发展，体现了以散客为服务对象的信息技术应用方向。移动通信技术自诞生以来迅猛发展，已经从第一代发展至第五代（5G），而中国的华为一直是世界 5G 技术的领先企业之一。智慧旅游中的移动通信技术为旅游者提供丰富的高质量服务，如全程（游前、在途、游后）信息服务、无所不在（任何时刻、任何地点）的移动接入服务、多样化的用户终端（个性化以及语音、触觉、视觉等多方式人机交互）以及智能服务和智能移动代理（intelligent agent）等。在智慧旅游发展中，5G技术是最先进的基础技术之一，与大数据、云计算、人工智能技术被并称智慧旅游四大科技。

在旅游业，近几年最值得我们关注的是NFC技术，即近距离无线通信。其英文全称near field communication，该技术是由飞利浦公司发起，由诺基亚、索尼等著名厂商联合主推的一项无线技术。NFC近场通信技术是由非接触式射频识别（RFID）及互联互通技术整合演变而来，在单一芯片上结合感应式读卡器、感应式卡片和点对点的功能，能在短距离内与兼容设备进行识别和数据交换，它的工作频率为13.56MHz。但是使用这种手机支付方案的用户必须更换特制的手机。目前这项技术在日本、韩国等国家被广泛应用。手机用户只需携带一部配置了支付功能的手机就可以行遍全国，手机可以用作机场登机验证、大厦的门禁钥匙、交通一卡通、信用卡、支付卡，等等。

【小实验】用手机的NFC近场通信功能，开通公交卡、模拟小区门卡。

蓝牙技术也是旅游活动中最常见的各组设备链接技术，它是一种支持设备短距离（一般是10米之内）通信的无线电技术。它能在包括移动电话、PDA、无线耳机、笔记本电脑、相关外设（蓝牙音响等）等众多设备之间进行无线信息交换。蓝牙的标准是IEEE802.15，工作在2.4GHz频带，带宽为1Mb/s。蓝牙技术使用高速跳频（frequency hopping，FH）和时分多址（Time DivesionMuli-access，TDMA）等先进技术，在近距离内以最廉价的方式将几台数字化设备（如数字照相机、数字摄像机等，甚至各种家用电器、自动化设备）呈网状链接起来。蓝牙技术将是网络中各种外围设备接口的统一桥梁，它消除了设备之间的连线，透过芯片上的无线接收器，配有蓝牙技术的电子产品能够在近距离内彼此相通，传输速度可以达到每秒钟1兆字节。

智慧旅游发展中，各种移动通信技术是智慧旅游发展的基础之一，这些技术的发展和更新极大提升了旅游者的旅游体验与质量。更重要的是，它提升了旅游目的地管理水平与服务质量，满足了游客个性化需求，提供了高品质服务、提高了游客的满意度。智慧服务使旅游管理与服务向着更加精细及高质量的方向发展。

第三节　移动互联网技术实践

一、移动互联网技术

移动互联网是互联网发展的必然产物，它是移动通信和互联网的结合体，是互联网的技术、平台、商业模式和应用与移动通信技术结合并付诸实践的总称。移动互联网继承了移动设备随时、随地、随身和互联网开放、分享、互动的优势，是一个全国性的、以宽带IP为技术核心的，可同时提供话音、传真、数据、图像、多媒体等高品质电信服务的新一代开放的电信基础网络。

通过移动互联网技术，人们不仅可以使用手机、平板电脑等移动终端设备浏览新闻，还可以使用各种移动互联网应用，如在线搜索、在线聊天、移动网游、手机电视、在线阅读、网络社区、收听及下载音乐等。

相对于传统互联网而言，移动互联网强调可以随时随地，并且可以在高速移动的状态中接入互联网并使用应用服务。二者主要区别在于：终端、接入网络以及由于终端和移动通信网络的特性所带来的独特应用。移动互联网的相关技术设备组成如图 3-3 所示：

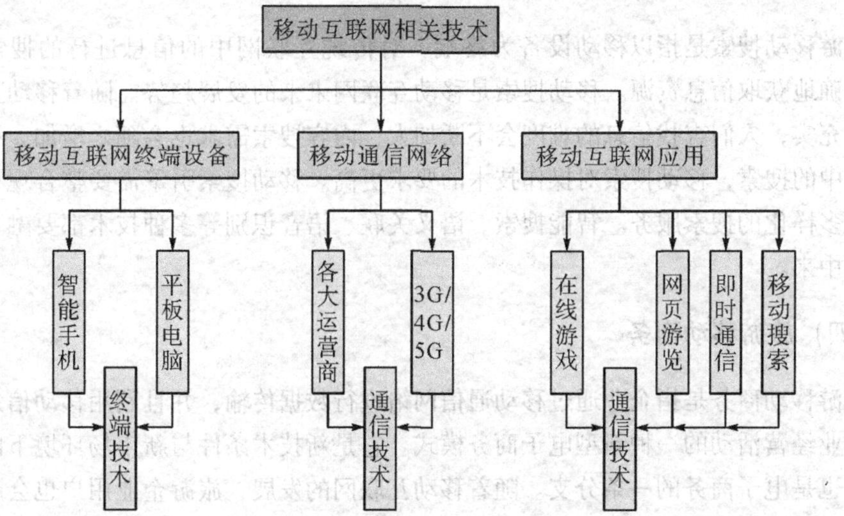

图 3-3　移动互联网的相关技术设备组成

二、移动互联网技术在智慧旅游中的应用

当我们随时随地接入移动网络时，运用最多的就是移动互联网应用程序。大量新奇的应用，逐渐渗透到人们生活、工作的各个领域，进一步推动着移动互联网的蓬勃发展。移动音乐、手机游戏、视频应用、手机支付、位置服务等丰富多彩的移动互联网应用发展迅猛，正在深刻改变着人们的社会生活，移动互联网正在迎来新的发展浪潮，旅游业也席卷其中，移动互联网技术在智慧旅游中主要应用于以下几个方面：

（一）旅游电子信息阅读

旅游电子信息阅读是指用户利用移动智能终端阅读旅游目的地、酒店、景区等旅游相关信息。同过去阅读纸质版宣传单、宣传册有所区别，电子阅读将电子宣传海报与旅游产品详情合二为一，可以实现一站式的服务预订与购买。电子信息的传播渠道广泛，可以方便旅游者随时随地浏览。

（二）手机旅游 App

手机 App 应用的普及，方便了游客出行前和出行时查询预订信息，手机 App 突破传统互联网的局限性，游客能够利用手机解决旅途过程中遇到的所有问题。随着人们对移动互联网接受程度的提高，传统旅游企业纷纷开发、运营手机 App。随着移动终端性能的改善，更多的旅游 App 将被开发并投入使用，客户体验也会越来越好。

（三）旅游移动搜索

旅游移动搜索是指以移动设备为终端，对传统互联网中的信息进行的搜索，从而高速、准确地获取信息资源。移动搜索是移动互联网未来的发展趋势。随着移动互联网内容越来越充实，人们查找信息的难度会不断加大，内容搜索需求也会随之增加。相比在传统互联网中的搜索，移动搜索对操作技术的要求更高。移动搜索引擎需要整合现有的搜索理念实现多样化的搜索服务。智能搜索、语义关联、语音识别等多种技术都要融合到移动搜索技术中来。

（四）旅游移动商务

旅游移动商务是指企业通过移动通信网络进行数据传输，并且利用移动信息终端参与各种商业经营活动的一种新型电子商务模式。它是新技术条件与新市场环境下的电子商务形态，也是电子商务的一条分支。随着移动互联网的发展，旅游企业用户也会越来越多地利用移动互联网开展商务活动。

（五）旅游移动支付

旅游移动支付是指用户使用其移动终端（智能手机、智能手表等）对所消费的旅游商品或服务进行账务支付的一种服务方式。移动支付主要分为近场支付和远程支付两种。整个移动支付价值链包括移动运营商，支付服务商（如银行、银联等），应用提供商（如旅行社、酒店、交通部门等），设备提供商（如终端厂商、卡供应商、芯片提供商等），系统集成商，商家和终端用户。

（六）虚拟模拟旅游

虚拟模拟旅游是指通过互联网终端（手机、电脑等）对旅游目的地或旅游景区进行模拟参观，更直观地了解旅游景点的游览方式。这对于没有时间前往参观的游客或想参观部分不开放区域的游客来说是比较好的旅游方式，游客使用这种方式能够全面了解旅游目的地。

（七）AR（增强现实）沉浸式旅游体验

AR，也被称为增强现实。它通过电脑技术，将虚拟的信息应用到真实世界，真实的环境和虚拟的物体实时地叠加到了同一个画面或空间。增强现实提供了在一般情况下，人们难以感知的信息。它不但展现了真实世界的信息，而且同时将虚拟的信息显示出来，两种信息相互补充叠加。这是沉浸式旅游的方式之一。

第五章　旅游机器人技术与实践

第一节　旅游机器人

一、机器人及其在旅游业的应用

直到疫情前的2019年年末，中国旅游市场是一片欣欣向荣的景象，同时也蕴含着巨大的技术创新空间。移动终端的普及和网络连接速度的显著提升彻底改变了我们规划甚至谈论旅行的方式。随着人工智能、聊天机器人和虚拟现实逐渐成为主流，旅游业将发生翻天覆地的变化。

（一）聊天机器人

2016年，阿里巴巴推出了一个叫作AliMe的智能助手，它可以被看作旅游聊天机器人的雏形。旅游出行服务平台飞猪用它来帮助人们执行广泛的任务，包括预订航班及酒店。AliMe可使用大数据分析用户的偏好。

聊天机器人扮演的是智能化的客服角色，为消费者一一解答在旅途过程中产生的各种问题。比起在各个App之间的来回切换，聊天场景下的问答更加方便快捷，推送内容更精准，同时为企业节省了人力成本。在出行前，应用自然语言处理（NLP）技术及人工后台支援，聊天机器人根据旅客特征及偏好信息，为旅客提供目的地资讯及行程规划；在旅行过程中遇到的各类问题，如景点、餐厅、当地交通指南、实时翻译、折扣信息，聊天机器人可以实时提供解决方案；行程结束后出现的问题，如旅行后的保险索赔问题，也能得到及时回复。“人工智能+人工”的结合，使聊天机器人可以覆盖出行前、出行中、出行后全场景，提供个性化、实时的助手服务。

对旅游公司来说，出色的客服机器人可通过实现任务自动化并且减少呼叫中心座席数量来降低公司运营成本。在日常业务情景中，旅游聊天机器人可轻松处理预订订单，帮助航空公司或旅行社处理大部分语音呼叫问题。例如，发生航班延误时，旅游机器人可主动为乘客选择时间最近的下一航班的座位，并自动处理预订信息，无须任何人工的介入。此外，通过对环境（位置、时间、语言）和个人信息（年龄和兴趣）的分析，旅游聊天机器人还能够为客户精准推送产品，这主要得益于人工智能。在未来，旅行者都将借助聊天机器人来获得理想、无忧的旅行体验。

聊天机器人产品目前所面临的挑战是，我们不仅要确保计算机能够理解人类语言的意思，而且还要确保它能够实时解释和评估谈话语境，以保证对话的相关性。

（二）智能化办签

在疫情暴发前，我国的出境游游客数量正呈现上升趋势，大多数游客在旅行过程中或多或少会都遇到一些问题：各国签证所需材料不一、程序繁杂不方便、智能化程度低、办理进度无从知晓等。随着人工智能的发展，签证办理实现了光学字符识别（optical character recogmition，OCR）、自助生成证件照、一键生成材料、在线填表和预审、实时进度追踪、材料复用等十大功能，依靠技术创新与专业服务团队，签证办理变得便捷化、可视化。也就是说，用户在相关在线旅游平台办理签证时，可以通过手机扫描护照或身份证，系统信息就会自动识别信息并自动填写到申请表上；用户通过自拍功能可以直接拍摄签证照，系统会自动调整所拍照片并生成符合规定的照片；用户可通过手机客户端自助查看、实时追踪办理进度。用户如需再次办理签证，直接应用材料复制功能，旅游者无须重复准备材料，即可优先进入预审阶段。

随着技术的进步，海关可以通过与使领馆的系统直连，加上电子签证、材料复用等技术优势，用户可以足不出户，只用一部手机就可以在线办理签证，最快一分钟就可以出签。同时，“送签 AI”服务还能实现签证进度与使领馆“秒同步”，签证办理到了哪一步、何时出签，用户都能在手机端实时了解。通过技术革新，未来中国游客办理签证的手续不仅能进一步简化，而且在拒签退款等环节上也将更有保障。

（三）智能定制旅游

随着旅游人数的增加，消费升级带来了游客需求品质化、个性化的改变，这对传统旅游产品的生产和供给方式提出了新的挑战。在需求的多样和旅行产品丰富的前提下，私人定制发展迅速，但是，在旅游行业中“行程定制”并不是一个新概念。随着自由行这类智能行程规划助手的出现，在曾经技术基础薄弱的旅游行业，智能行程定制产品层出不穷。

智能规划的过程，就是根据用户需求用数据驱动决策的过程。虽说目前智能行程定制产品百花齐放，但目前将人工智能技术应用于自由行行程规划仍然存在诸多挑战。

1. 海量碎片化数据

除了数据获取难度较大之外，与自由行相关的“吃住行游购娱”等数据最大的特征就是高度的碎片化、离散化。从行程完整性角度看，这些信息彼此之间互相影响，牵一发而动全身。

2. 人工智能实现方式

企业必须非常了解自由行不同的应用场景，基于旅行专家的输出构建知识库，才能决定如何选取、需要构建多少隐层、每层的神经元个数，以及掌握神经元之间的连接关系。例如，特征选取不合适，会降低神经网络的决策精度。

3. 算法的优劣

深度学习算法（deep learning）直接影响了神经网络的学习效率，好的学习算法可以有效降低神经网络的传递误差，加速收敛。而神经网络学习的效率决定了神经网络是否能被实用化、商业化。

随着技术的发展，智能出行在安排一个完整旅行行程时，会根据用户需求，综合考虑最基础的机票酒店信息及推荐原则、城市游览顺序及游览天数安排、多种类型交通、商品方案组合，等等，它能在多个百万条级别的分类数据里在短时间内为用户做出最优方案。

二、机器人基本原理与结构

机器人是自动执行工作的机器装置。它既可以接受人类指挥，又可以运行预先编排的程序，也可以根据人工智能技术制定的原则纲领来行动。它的任务是协助或取代人类工作，如生产业的工作、建筑业，或是其他危险的工作。

简单地说，机器人的原理就是模仿人的各种肢体动作、思维方式和控制决策能力。不同类型的机器人其机械、电气和控制结构也不相同，通常情况下，一个机器人系统由三个部分、六个子系统组成。这三个部分是机械部分、传感部分、控制部分；六个子系统是驱动系统、机械系统、感知系统、机器人-环境交互系统、人机交互系统、控制系统，如图5-1所示。

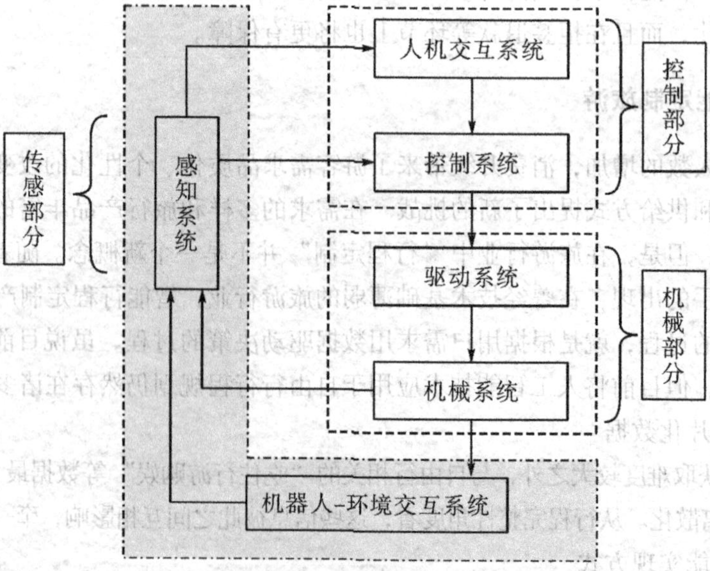

图 5-1 机器人的基本构成

下面分别对六个子系统的作用进行介绍：

（一）驱动系统

驱动系统就是为了使机器人运行起来的一种传动装置。驱动系统既可以是液压传动、气动传动、电动传动或是把它们结合起来应用的综合系统，也可以是直接驱动或者是通过同步带、链条、轮系、谐波齿轮等机械传动机构进行间接驱动。

（二）机械系统

工业机器人的机械系统包括基座、手臂、末端操作器三大部分。每个部分都有若干个自由度，构成一个多自由度的机械系统。若基座具备行走机构，则构成行走机器人；若基座不具备行走及腰转机构，则构成单机器人臂。手臂一般包括上臂、下臂和手腕三个部分。末端操作器是直接装在手腕上的一个重要部件，它可以是二手指或多手指的手爪，也可以是喷漆枪、焊具等作业工具。

（三）感知系统

感知系统包括内部传感器模块和外部传感器模块，其作用是获取内部和外部环境状态中有价值的信息。智能传感器的使用，使机器人的机动性、适应性和智能化水平得以提高。虽然人类的感知系统感受外部世界信息是极其灵敏的，但对于一些特殊的信息，传感器比人类的感受系统更精准。

（四）机器人-环境交互系统

机器人-环境交互系统的作用是实现工业机器人与外部环境中的设备相互联系和协调。我们可以将工业机器人与外部设备集成为一个功能单元，如加工制造单元、焊接单元、装配单元等。当然，也可以是多台机器人、多台机床或设备、多个零件存储装置等集成为一个去执行复杂任务的功能单元。

（五）人机交互系统

人机交互系统的作用是实现操作人员参与机器人控制并与机器人进行联系。例如，计算机的标准终端、指令控制台、信息显示板、危险信号报警器等。该系统可以分为两大类，即指令给定装置和信息显示装置。

（六）控制系统

控制系统的作用是根据机器人的作业指令程序以及从传感器反馈回来的信号，控制机器人的执行机构去完成规定的运动和功能。如果工业机器人没有信息反馈功能，则为开环控制系统；如果具备信息反馈功能，则为闭环控制系统。按控制原理分，控制系统可分为程序控制系统、适应性控制系统和人工智能控制系统。按控制运动的形式分，控制系统可分为点位控制和轨迹控制。

三、旅游机器人应用

（一）旅游机器人的应用实践

【案例分享】

溪口景区启用智能机器人引导员

中国旅游业已经迈入智慧化的时代，在这种大趋势下，溪口景区积极践行智慧旅行，不断地探索前进，率先在智慧旅游概念方面有所作为：智能机器人的入驻上岗，不仅优化了游客的体验，还实现了景区电子商务线上营销与落地线下推广的无缝结合。在不久的将来，游客在溪口景区的智慧体验将更加丰富。图 5-2 正是溪口景区的游客正在同智能机器人互动的画面。

图 5-2 溪口景区的游客与智能机器人的互动

人工智能技术如今正渗透人们生活的各个领域，如科技、教育、医疗、酒店、交通、旅游等，逐渐影响着人们的思维方式和生活习惯。将人工智能融合到旅游产业中，全面拓宽了旅游产业的发展渠道，提升了文化旅游在全域旅游中的优势地位，从而提升了旅游文化内涵的附加值。随着人工智能科技的崛起，旅游业和人工智能产业融合发展的趋势日益凸显。对人工智能科技的深度挖掘和有效利用是促进旅游业转型升级的一个关键所在。人工智能技术丰富了旅游行业的文化，改变人类的传统旅游方式，为创新旅游方式增添了新的色彩。

为深入了解旅游机器人在旅游行业中的应用，教材编写组对旅游机器人进行了应用调研，过程如下：

1. 确定调查课题

选题的确定应遵循需要性原则、新颖性原则和可行性原则。尤其应重视从教育实践或理论研究的需要提出研究课题。在具体选题时还应把握调查的目的性，因为调查者不仅应明确进行该项目调查的目的和任务，而且应考虑更进一步的研究需要。

2. 设计调查方案

具体调查方法有文案法、访问法、观察法和实验法等。在调查时，采用何种方式、方法不是固定和统一的，而是取决于调查对象和调查任务。在市场经济条件下，为准确、及时、全面地取得市场信息，尤其应注意多种调查方式的结合运用。

3. 收集资料

收集资料调查法。调查法包括面谈调查法、书面调查法、留置问卷调查法、电话调查法等。在学校管理中，最常用的是面谈调查法。它是指当面听取被调查者的意见、要求、反映、批评、建议。

4. 整理与分析资料

对社会调查报告材料的整理，一般分成：检查鉴别。首先，应检查社会调查报告材料是否切合研究的需要，其次，要鉴别事实材料的真实性、数据的准确性、保证材料的真实可靠，确实反映客观实际。在分析资料时可适当使用图表、数表。图表、数表看起来更直观形象、蕴含信息量更大，能够帮助读者理解社会调查报告内容。

（二）机器人在其他行业的应用实践

随着社会经济的不断发展，社会各界对人形机器人的关注日益增加，教育行业也开始探索人形机器人在教育中的应用。这部分内容以教育机器人的案例进行讲解。

【案例分享】

ROS 教育机器人课程模式

ROS 教育机器人则是基于机器人操作系统（robot operating system，ROS）开发的智能机器人，它搭载了 Jetson Nano①、激光雷达、高清摄像头/深度相机等高性能硬件，可实现机器人运动控制、遥控通信、建图导航、跟随避障、自动驾驶、机械臂仿真等应用。

根据 ROS 教育机器人系统组成及功能应用，开设 ROS 机器人操作系统、RTAB 三维建图导航、PCL 三维点云、SLAM 建图导航、机器视觉应用、Python 编程、Open Source

① Jetson Nano 是英伟达公司研制的一款性能强大、体积小巧的智能芯片。

CV、MoveIt 相关理论课程，同时提供实操课程培训。

根据开设课程内容，由专业人士编写教材并担任培训教师，依据实际情况，开设线上、线下课程，由专业教师提供课后辅导服务。

此外，ROS 教育机器人课程拟为致力于深入学习 ROS 机器人技术的学员，提供附加课程培训，附加课程内容包括 ROS 进阶、规划感知、机器学习、综合实践方面的深度课程，并根据不同学校、不同学员的情况，开设专题课程，如 ROS 在企业和科研中的应用、ROS 与人工智能、ROS 与工业机器人、无人机系统等。

以下是关于 ROS 教育机器人的介绍：

1. 机器人系统组成

机器人由执行机构、驱动系统、传感系统、控制系统四部分组成。

执行机构：它相当于人体的手和脚，直接面向工作对象的机械装置，包括电机、伺服、传动机构等。

驱动系统：它相当于人体的肌肉和筋络，负责驱动执行机构，将控制系统下达的命令转换成执行机构需要的信号，包括电驱动、液压驱动、气压驱动等。

传感系统：它相当于人体的感官和神经，主要完成信号的输入和反馈，包括内部传感系统和外部传感系统，包括里程计、陀螺仪、加速度计、摄像头、红外、麦克风等内外部传感器。

控制系统：人体的大脑，实现任务及信息的处理，输出控制命令信号，包括关机控制、人机交互、系统监督、算法计算、处理器等。

2. 机器人功能介绍

三维视觉建图与导航：利用 RTAB 纯视觉和视觉雷达融合的三维彩色建图导航技术，机器人可以在三维地图下导航避障，实现全局重定位。

激光雷达建图与导航：利用 gmapping、hector、karto、cartographer 等算法建图，实现路径规划，单点与多点自主导航。

深度图像数据、点云图像：通过相应的应用程序界面（API）快速获取相机深度图、彩色图、骨架等图像数据。

快速拓展随机树（RRT）自主探索建图：不需人为控制机器人，使用 RRT 算法自主完成探索建图、保存地图、回归起点。

目标跟随（KCF）：基于图像的相关 KCF 滤波算法，可选定图像中任意跟随目标。

自动驾驶：可自动识别颜色行驶前进。

颜色识别/追踪：通过画面选取颜色，让机器人追踪目标颜色。

标签识别（AR）：支持二维码标签动态跟踪检测，二维码姿态位置坐标获取，支持多个二维码同时识别。

视觉图像美化：通过 OpenCV[①] 对视频画面进行图像转化，从而达到图像美化的效果。

现实增强（AR）：通过 App 选择相应的图形，让图形通过 AR 技术呈现在棋盘格卡纸上。

激光雷达避障：激光雷达实时检测周围环境并规划路径、避开障碍物。

雷达追踪：激光雷达对环境进行扫描检测，选择距离近的目标进行跟踪移动。

雷达警卫：距离雷达较近的目标将被锁定，车头始终朝向此目标。

探照车灯：搭载大功率高亮聚光灯，车灯随二自由度电动云台转动。

炫彩尾灯：车尾贯穿式灯条可实现各种渐变幻彩灯效。

自由度机械臂：实现物体灵活抓取。

电动旋转云台：深度相机支持电动左右旋转，上下手动调节。高清摄像头支持上下左右电动旋转。

智能巡逻：通过手机 App 选择路径，小车按路径进行巡逻。

强大的越障能力：大尺寸履带底盘使得机器人具有较好的越障能力。

MoveIt 机械臂仿真控制：可使用 ROS 系统提供的 MoveIt 来进行运动仿真控制。MoveIt 是专门为可移动操作平台而开发的 ROS 软件包，继承了运动规划、三维感知、运动学、运动控制和导航领域的成果。

（资料来源：林燕文，李刘求，杨潮喜. 基于 ROS 的机器人系统设计与开发［M］. 北京：高等教育出版社，2020.）

第二节 旅游机器人编程体验与训练

一、旅游机器人的基本编程环境与操作

旅游机器人是应用于旅游活动中的机器人。与其他机器人相比，旅游机器人对与人互动、AI 智能方面有更多的要求，但二者在编程设置、维护保养方面是类似的。机器人编程（robot programming）为使机器人完成某种任务而设置的动作顺序描述。机器人运动和作业的指令都是由程序进行控制。常见的编程方法有两种，示教编程方法和离线编程方法。其中示教编程方法包括示教、编辑和轨迹再现，可以通过示教盒示教和导引式示教两种途径实现。由于示教方式实用性强、操作简便，因此大部分机器人都采用这种方式。离线编程方法是利用计算机图形学成果，借助图形处理工具建立几何模型，通过一些规划算法来获取作业规划轨迹。与示教编程不同，离线编程不与机器人发生关系，在编程过程中

① OpenCV 是一个开源的计算机视觉库，它提供了很多函数，这些函数非常高效地实现了计算机视觉算法。

机器人可以照常工作。常见的底层编程示例如下：

（一）基本命令

用 EDIT 指令进入编辑状态后，可以用 C、D、E、I、L、P、R、S、T 等命令来进一步编辑。例如：

C 命令：改变编辑的程序，用一个新的程序代替。

D 命令：删除从当前行算起的 *n* 行程序，*n* 缺省时为删除当前行。

E 命令：退出编辑返回监控模式。

I 命令：将当前指令下移一行，以便插入一条指令。

P 命令：显示从当前行往下 *n* 行的程序文本内容。

T 命令：初始化关节插值程序示教模式，在该模式下，按一次示教盒上的“RECODE”按钮就将 MOVE 指令插到程序中。

（二）程序指令

1. 运动指令

指令包括 GO、MOVE、MOVEI、MOVES、DRAW、APPRO、APPROS、DEPART、DRIVE、READY、OPEN、OPENI、CLOSE、CLOSEI、RELAX、GRASP 及 DELAY 等。这些指令大部分具有使机器人按照特定的方式从一个位置运动到另一个位置的功能，部分指令表示机器人手爪的开合。

2. 机器人位姿控制指令

这些指令包括 RIGHTY、LEFTY、ABOVE、BELOW、FLIP 及 NOFLIP 等。

3. 赋值指令

赋值指令有 SETI、TYPEI、HERE、SET、SHIFT、TOOL、INVERSE 及 FRAME。

4. 控制指令

控制指令有 GOTO、GOSUB、RETURN、IF、IFSIG、REACT、REACTI、IGNORE、SIGNAL、WAIT、PAUSE 及 STOP。其中 GOTO、GOSUB 实现程序地无条件转移，而 IF 指令执行有条件转移。

5. 开关量赋值指令

指令包括 SPEED、COARSE、FINE、NONULL、NULL、INTOFF 及 INTON。

6. 其他指令

其他指令包括 REMARK 及 TYPE。

（三）IML 语言

IML 也是一种着眼于末端执行器的动作级语言，由日本九州大学开发而成。IML 语言的特点是编程简单，能实现人机对话，适合现场操作，许多复杂动作可由简单的指令来实现，易被操作者掌握。

IML 用直角坐标系描述机器人和目标物的位置和姿态。坐标系分为两种，一种是机座坐标系，另一种是固连在机器人作业空间上的工作坐标系。语言以指令形式编程，可以表示机器人的工作点、运动轨迹、目标物的位置及姿态等信息，从而可以直接编程。往返作业可不用循环语句描述，示教的轨迹能定义成指令插入语句中，还能完成某些力的施加。

二、旅游机器人编程设计体验

【导入案例】

小 E 机器人

被行业美誉为“中国儿童机器人之父”的×××智联（小 E 机器人）创始人的李宗良先生在接受媒体采访时强调，小 E 机器人自成立之初就决心为懂孩子而生，“懂”是爱的前提。此次小 E 机器人推出的系列新品，集学习、娱乐、陪伴为一体。他们用心研发生产出一系列真正懂孩子、懂家庭的教育类产品。

目前小 E 支持的对话语义领域包括天气、日历、打电话、计算器（支持带括号的加/减/乘/除/平方/开方等运算）、聊天、故事、笑话、古诗、电台。

（1）语音问答。

（2）（单向）远程视频监控。

（3）本地音乐播放。通过内置 TF 卡，用户可以控制设备播放本地音乐资源，即使不联网也能享受高质量音乐。

（4）App 音乐播放。通过 App 端的海量在线资源，用户可以控制设备端随时点播音乐、故事等。

（5）智能抓拍。设备配备了高清摄像头，小 E 在某些预定场景下，会拍摄一段视频并推送至 App 端。

（6）马达转动。支持上下、左右两路马达，兼具灵活性、实用性。

（7）其他功能。闹钟、免打扰功能。

（8）专属 App。可定制 App 启动页、Banner 图、厂商信息。

小 E 机器人编程操作应用有以下几个要点：

（1）登录界面。

进入登录界面，首先进行注册，注册之后使用注册的用户名跟密码登录，注册界面如图 5-3 所示。

用户名绑定设备：注册成功登录（登录界面见图 5-4）之后，一定要在该用户名下绑定设备号。操作方法如下：

点击左上角的群组控制→群组设备绑定，点击进入之后需要绑定当前设备的 Imei 号，让设备和远程服务器相关联起来，如图 5-5 所示。

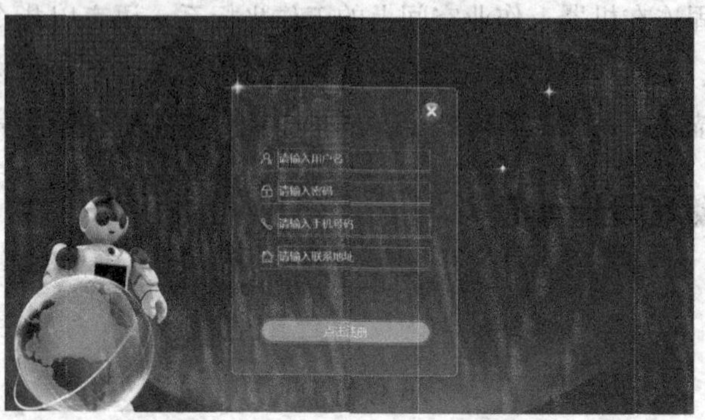

图 5-3　注册界面

图 5-4　登录界面

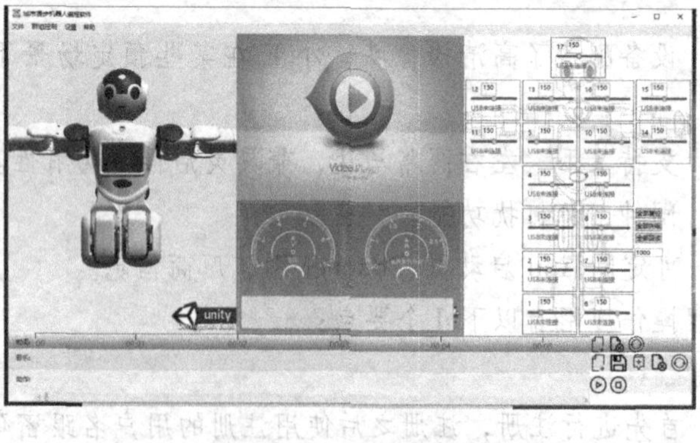

图 5-5　设备关联

全部复位：17个舵机全部转到标准位150度。（注意：点击这个键时需要扶住机器人）

全部失电：17个舵机全部断电，舵机可以自行扭动。

全部回读：读出当前机器人舵机的位置，并使舵机通电。

动作时间：此按钮位于全部回读按钮下面，可以选择当前帧的执行动作开始到结束所用时间，单位是毫秒。

添加媒体：添加一段音频。

删除媒体：删除当前媒体。

清除媒体：删除所有媒体。

添加帧：添加一个动作帧到所有帧最后的位置。选中一个帧之后点击添加帧可以添加当前帧。

保存帧：保存当前帧的动作和时间。

插入帧：首先点击一个帧，再点击插入帧，将该帧复制一遍，并添加到该帧之后。

删除帧：删除你选中的帧。

清除帧：删除所有帧。

播放：播放当前所有帧。

暂停：暂停播放。

（2）编辑动作。

设备背部总开关打开，使用出厂时配置的miniUSB接口将设备和电脑连接，之后开始编辑动作：添加一个帧，然后通过控制舵机（机器人关节）来使机器人达到自己想要的动作状态，点击保存帧，那么当前这一帧就代表这组动作；接着，按部就班，添加帧，编辑动作，保存帧，全部回读按钮下面的数字表示执行当前帧动作所用时间，当所有帧编辑完成后可以选中第一帧，点击播放，就能看到自己所编辑的一整套动作了，如图5-6所示。

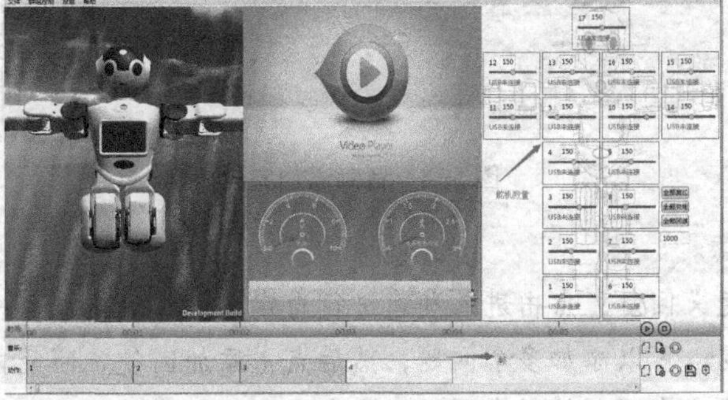

图5-6　编辑动作

（3）编辑音频。

点击添加媒体，可以添加不同格式的音频文件，如下：

可以添加自己想要的音乐，根据音乐的节奏调整机器人的动作。

第一次点击时应将机器人拿起，确保机器人不会摔倒，调整想要控制的舵机，使机器人站立。

左上方的文件，点击打包保存，可以将音乐和动作一起保存到电脑。（确保舵机转动速度不要超过舵机最快速度，不然机器人动作不会完成就进入下一帧，并且损害舵机）

编辑音频：点击添加媒体，可以添加不同格式的音频文件，如图 5-7、图 5-8 所示：

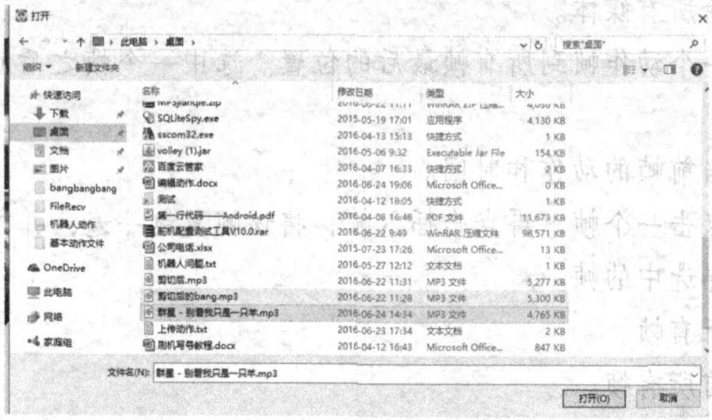

图 5-7　添加音频文件

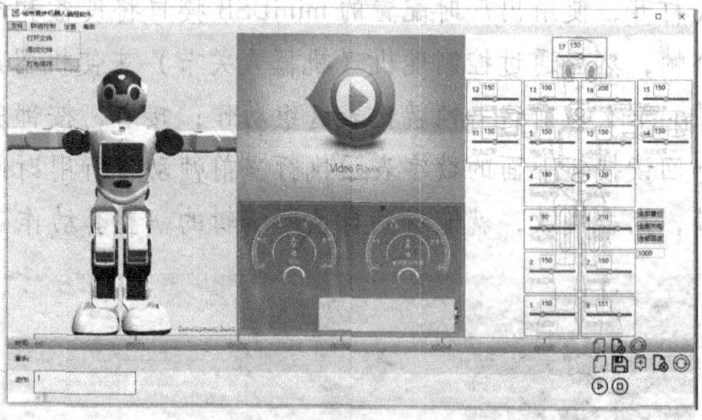

图 5-8　音频添加完成

（4）自定义语意。

群组控制→自定义回复，点击进入和能进行自定义语义编辑，点击右上角的新增，进入之后点击添加问题，可以添加多个问题，然后点击添加回复。回复内容也能是多条，然后再点击保存，这样这套语义就保存到远程服务器上了。接着，进入群组控制的群组动作组，我们可以看到右上角有一个发送语义，在左边选中设备 Imei 号后点击发送语义，过程中要保证设备连网在线。发送成功后该套语义就被保存在设备中了，通过向设备提出你添加问题的完整文字，设备识别到后就能回复你语义中的内容。图 5-9 为自定义语义的操作界面。

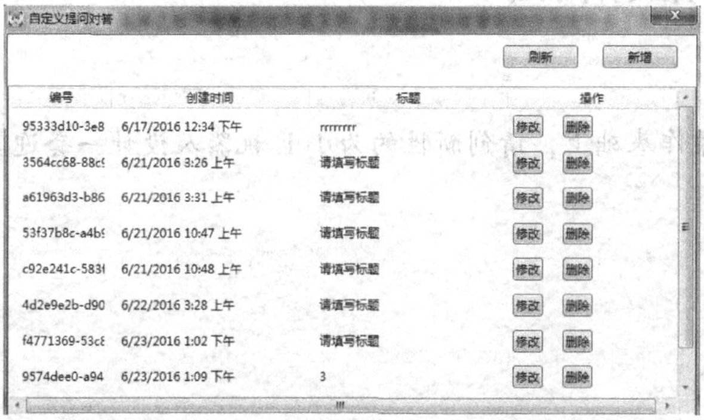

图 5-9　自定义语义的操作界面

（5）群组控制→群组动作组。

点击"群组控制→群组动作组"，进入之后能在里面进行动作组上传，即将本地动作组上传到远程服务器端，方便之后从服务器下载到设备。上传时名称以中文名命名，文件选择之前所编辑的动作组文件，可以选择公开或不公开（公开就是上传到服务器上其他人在网络动作组中能看到，不公开就是传到服务器上只能在私有动作组中自己看到），上传成功后我们能看到动作列表中多了刚刚所添加的动作组，表示上传成功；设备连接网络，保证能和远程服务器连接，选中左边的设备 Imei 号，可多选，回到刚刚所上传的动作组，点击远程下载，就可以将该动作组下载到设备中，设备保存的路径在文件管理中的 Robots 文件夹下，远程下载成功后可以通过远程播放来控制设备，执行这组动作，同时也可以通过语音来控制设备执行该套动作，语音指令以该套动作上传到服务器上的名称为准，这也是为什么上传时要以中文名来命名的原因。同时设置定时播放，先设定一个时间，然后选中设备 Imei 号，可多选，选择一个动作组来进行定时播放。

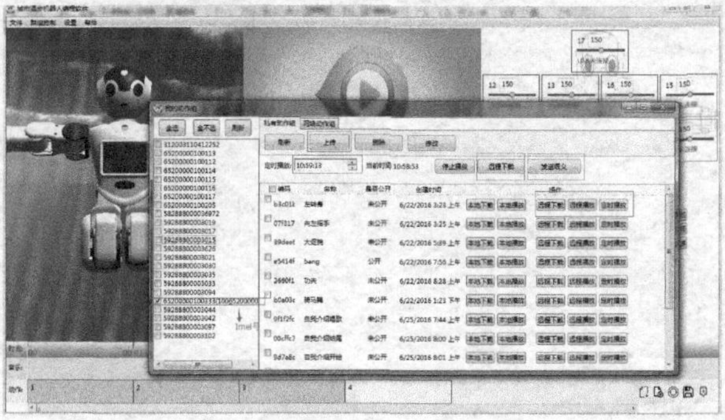

图 5-10　动作组上传操作示例

本地下载是将服务器上的动作文件下载到终端设备上。

三、旅游机器人编程设计训练

【操作练习】

在掌握机器人操作基础上，请创新性的为小 E 机器人设计一套迎宾动作。

应用篇

第六章　智慧酒店认知与创意

第一节　进化中的智慧酒店

在“互联网+”的大环境背景下，传统酒店行业正面临着技术性革新的挑战。近年来，人工智能、物联网技术快速发展，酒店业的市场格局迎来了新的变化。消费不断升级，消费者对酒店的需求越来越趋向高度的个性化，更具科技感、设计感和体验感的酒店产品越来越受到客人青睐。利用现代科技手段，整合各类信息资源，向客人提供有针对性的个性化产品和服务成为必然，而传统的经营思维和运营模式显然无法适应新的变化，高科技、定制化的智慧酒店受到人们的关注，智慧酒店成为行业发展的新选择。

一、智慧酒店认知

（一）智慧酒店简介

按照2012年5月10日北京市旅游发展委员会发布的《北京智慧酒店建设规范（试行）》的描述，智慧酒店是利用物联网、云计算、移动互联网、信息智能终端等新一代信息技术，通过饭店内各类旅游信息的自动感知、及时传送并进行数据挖掘分析，实现饭店‘食、住、行、游、购、娱’旅游六大要素的电子化、信息化和智能化，最终为旅客提供舒适便捷的体验和服务。可见，智慧酒店是整合了大数据、物联网及人工智能等技术手段，运用智能化管理系统，通过数字化、网络化和智能化，实现酒店在运营、管理和服务上的便捷高效，是信息技术与酒店运营管理的相互融合，实现酒店资源、网络资源和社会资源的协调管理及有效利用。与传统酒店相比，智慧酒店利用App、自助机等各种终端，简化传统服务流程，减少人与人面对面的服务场景，提高酒店服务和管理效率，节能降耗，降低人工成本，提升客人住宿体验。

智慧酒店对于国内酒店业来说还是一个全新的概念，发展的历史并不长。2001年，上海的一些高星级酒店参照《智能建筑设计标准》（GB/T-50314—2000）开始进行智慧酒店建设，其中，以上海瑞吉红塔大酒店最为典型。2010年，杭州黄龙饭店与IBM公司合作，耗资 10 亿元打造了国内第一家智慧酒店，成为当时浙江省最豪华、最智慧的五星级酒店，也为国内智慧酒店的发展树立了典范。2012 年 5 月，北京市旅游发展委员会发布了《北京智慧饭店建设规范（试行）》。2013 年，国家旅游局提出了大力发展智慧旅游的总体要求，并将 2014 年确定为“智慧旅游年”，同时，智慧旅游这一观念开始被大力提倡，作为旅游业重要组成部分的酒店业，开始对智慧酒店进行不断探索。

2014 年 1 月，“中国智慧酒店联盟”在福州宣布成立，标志着我国智慧酒店进入了全面建设和发展的新阶段。2018 年，万豪、洲际、香格里拉、君澜、华住、如家、锦江等各大国内外知名酒店集团均在智慧酒店这一领域推出全新举措。同时，腾讯、阿里、百度、万达、苏宁等诸多商业巨头凭借自身科技和资本的优势，纷纷跨界投入智慧酒店领域。例如，洲际与百度合作，推出了 AI 智慧客房；万豪与阿里巴巴合作，在酒店入住服务办理中引入人脸识别技术；腾讯与香格里拉合作，在智慧运营、智慧服务及智慧营销 3 个方面，依托微信生态，让酒店更智慧。智慧酒店是顺应科技发展、行业变革的新选择，是酒店行业发展的热点，未来具有十分广阔的发展前景。

（二）智慧酒店的类型

智慧酒店是一个发展中的概念，它可以被划分为很多类型，这里列举几种常见划分标准：

根据传统酒店档次和等级进行智慧化建设划分，豪华型智慧酒店、经济型智慧酒店，高档智慧酒店、中档智慧酒店、低档智慧酒店，一星级智慧酒店、二星级智慧酒店、三星级智慧酒店、四星级智慧酒店、五星级智慧酒店等。

根据智慧酒店的地理位置进行划分，如城市中心智慧酒店、度假区智慧酒店、城郊智慧酒店、汽车智慧酒店、机场智慧酒店等。

根据智慧酒店所针对客户类型划分，如商务型智慧酒店、度假型智慧酒店、会议型智慧酒店、旅游型智慧酒店等。

根据智慧酒店经营管理方式划分，如单体智慧酒店、连锁智慧酒店等。

二、智慧酒店的特征

（一）智慧酒店的性质

智慧酒店是指酒店的设施和管理加入智慧化系统后的新形态，本质上是酒店的升级，它拥有智慧控制能力和智能设备应用场景，可以为消费者提供更科技化、更人性化的客户体验。一般一套完整的酒店智能化体系，通过数字智能化与网络化实现酒店智慧化服务，包括酒店灯光控制系统、酒店空调自动控制系统、客人智慧识别系统、智慧营销系统等子应用系统，见图 6-1。

图 6-1　某智慧酒店大厅

（二）智慧酒店的特征

智慧酒店利用社交平台或手机 App，实现客人与酒店服务连接，将酒店住宿流程规范化、虚拟化，从而减少客人与前台面对面的服务场景，具体特征如下：

（1）智慧酒店为客人提供人性化服务及更为舒适安全的环境，通过远程网络控制，让客人在入住时就能感受到“宾至如归”的待遇，睡眠、阅读、娱乐模式的随意切换，更体现了智慧酒店的无微不至的人文关怀及对客人个性化需求满足。智慧酒店的弱电操作面板，不仅设计美观、安装简便，而且便于酒店维护，保证客人居住安全。

（2）科技与服务的相结合，很多酒店管理者极端地认为智慧酒店就是为了打造无人酒店。其实不然，虽然无人酒店是智慧酒店发展的一个分支，但是就目前情况来看，阿里的首家无人酒店在杭州遭遇滑铁卢，但这并不是智慧酒店技术的一次溃败，而是酒店经营模式的漏洞。当时虽然阿里的无人酒店投入了大量的人工智能设备，固然减少了人工成本，但是酒店突然的人员骤减，也为消费者带来了不适，人性化的服务始终是需要人工的干预的，全部都是与冰冷机器的对接让消费者的入住体验也逐渐降至冰点。因此在提供科技的体验同时，我们也需要将自己的服务元素加入其中，二者兼具，让消费者在体验科技感的同时，又能享受传统酒店的服务。至于未来无人酒店能否被客人接纳，只能留待时间的检验。

（3）开源节流，综合节能效益明显。智慧酒店客控系统通过对客房及公共区空调终端进行智能网络远程控制，帮助酒店实现空调智能控制节能，从而节约成本的效果。而感应式智能取电开关通过读取卡片数据，在智能云、网关的传输下将信息发射至系统，从而实现身份识别功能。对持卡人身份进行判断，根据不同身份人员的控制权限进行分类设置，杜绝非法取电。另外，智慧酒店通过对客房内温度、湿度、门窗、灯光、空调、音乐、电视、网络、电动窗帘、空气净化器等的调节实现智能控制节能，降低设备能耗。

（4）有效提升酒店提高管理水平，智能化设施的后台可以全面监测客房服务状态。当客人有清理、退房等要求时，系统软件可以及时传达至服务员。同时，系统软件还可以记录服务员响应服务要求的时间长短，以便酒店进行相应考核管理。

（三）典型的智慧酒店建设案例

【案例分享】

安徽云间·智慧酒店

云间·智慧酒店（图6-2）是一家新中式禅意酒店，其设计风格定位为新中式简洁、素雅、禅意风格。酒店除了保留传统中式风格的含蓄秀美和古朴韵味，还将丰富的经典中式元素与现代都市风尚进行改良融合，源于心、始于气，心气流动形成了气韵，成就了格局。人们不再追求奢华气派，而是用返璞归真缔造新的人文空间。

图6-2　云间·智慧酒店大厅

1. 全屋无线智能家居系统

云间·智慧酒店采用智能家居物联网门锁、智能场景控制、智能窗帘、智能影音、智能家电系统，并配合智能家居专属App。智能家居为酒店客户打造极致的用户体验，智能系统是酒店的标配。进入酒店，通过物联网门锁或App一键操作打开房门的同时，灯光自动打开，音乐缓缓开启，窗帘自动关闭，这一切都无须客人亲自动手操控。客人也可以通过场景控制，一键控制酒店房间内家电设备，如实现温度控制、卫生间灯光控制、各种家电控制等智能化服务，为客人创造好的入住体验，将智能化场景展现得淋漓尽致，如图6-3所示。

图 6-3 酒店智能化场景 1

2. 无须在前台排队办理手续

让酒店更懂消费者，智能家居专属 App 将消费者与酒店系统连接起来。客人无须排队，即可通过智能家居专属 App 自助办理入住、无须房卡，并完成预定—入住—退房—系列程序，以及在入住期间的各种服务。

另外，前台值守人员的减少也为酒店减少人力成本，提升酒店服务效率，更精准地了解消费者。有家居系统使酒店与消费者之间的黏度增强，实现无缝对接。

3. 可提前开启"迎驾模式"

客人可在抵达房间前，运用智能程序提前 20 分钟打开空调，获得你个人专属温度。并可通过智能家居专属 App 远程开启窗帘、灯光、音乐、电视、投影等设备，提升客人的入住体验，图 6-4 为酒店智能化场景。

图 6-4 酒店智能化场景 2

躺在床上，打开自己想看的电视节目，不用起身即可随心控制任何区域的电器，还可以根据个人喜好选择灯光颜色。当你入睡，灯光缓缓熄灭，无须起床按开关面板，空调自动恒温，为你开启浪漫之夜。

半夜起床，无须在黑夜中伸手触控面板，客房到走廊和卫生间，灯光会自动亮起，灯光柔和避免刺眼；返回入睡后，卫生间走廊房间灯光将自动关闭。

早上起床，系统音乐设备会自动播放你想听的歌曲，并且你可以根据自己的喜好设置专属场景，你的客房你做主。拿出手机，续房、退房，输入消费项目，费用会自动结算（图 6-5）。智慧酒店让住客享受到酷炫的科技体验，给客人更多私人空间。

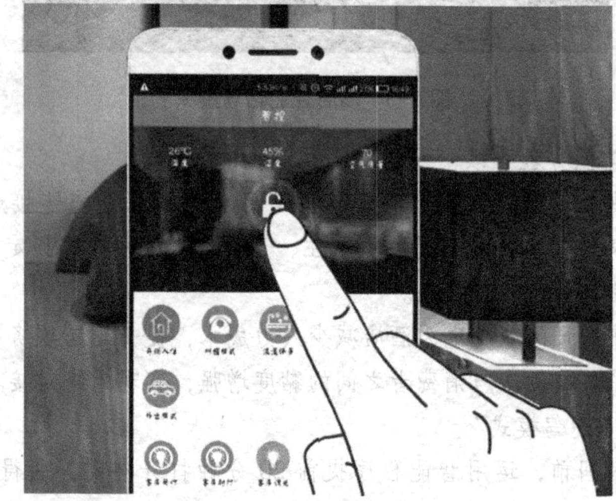

图 6-5　酒店费用自动结算系统

智能家居科技的研发与应用，使得更多酒店都成了远离喧嚣，放松与休闲的理想场所。选择智能酒店不仅是选择一张床，更是选择了一种新型的生活方式。

第二节　智慧酒店的应用技术

一、智慧酒店中的智慧科技

最近几年，随着物联网、电子通信和科学技术的不断发展，智能家居和智能酒店已经走进普通百姓的生活当中。人们渐渐地体会到智能科技带给生活的方便与快捷。当下，酒店提供的各种服务大同小异，智慧酒店不仅可以给酒店带来更具竞争性的优势，也能带给客户新的入住体验。现在，不少具有前瞻性的开发商已经把智能酒店控制系统设计到酒店当中，以吸引和满足更多的客户。

（一）Wi-Fi 覆盖

根据人民网研究院发布《中国移动互联网发展报告（2022）》，截至2021年12月底，中国手机网民规模达10.29亿人，全年增加了4 373万人。互联网红利进一步向老年人释放。截至2021年12月，我国60岁及以上老年网民规模达1.19亿，互联网普及率达43.2%。近年来，酒店消费市场在年龄结构上发生了很大变化，艾媒咨询数据显示，在线酒店预订用户中，80%以上为年轻群体，年龄在18~39岁，即“80后”及“95后”。目前，“80后”“90后”乃至“00后”逐渐成为酒店的主要客源，“得年轻人得天下”已经成为行业共识。年轻一代消费群体具有鲜明的个性和需求特征，他们对酒店的需求也从单一的入住转变为多元化需求。年轻消费者非常关注酒店无线Wi-Fi的覆盖和使用的顺畅程度，调查发现，提高无线网络信号的强度是提高客人满意度的重要因素，而无线网络全覆盖是酒店智慧化建设的必要条件。某酒店管理人员提道：“我们有专业的人员做一些专业的部署，在不同的区域，比如说在大厅、会议室、客房部会有不同的无线网络的接入设备。”

无线网覆盖后，当客人进入酒店时，就会自动发送一条短信欢迎客人入住。我们可以有一个实时的引导，比如说灯光的自动开启，帮助客人快速找到客房，客人进入房间以后会在客房的电视屏幕上会显示一条欢迎语，并且会自动播报欢迎语“欢迎您入住××酒店”。

（二）移动端实现登记入住

除了上述功能，Wi-Fi还可以成为酒店的一个精准营销的入口。例如，客人通过微信扫码认证登录Wi-Fi，在这一过程中，客人首先需关注酒店的公众号，成为公众号的粉丝。对酒店来说，这不仅增加了粉丝数量，它还可以成为持续向该客人推送酒店产品的窗口。

（三）互动体验

网络技术是目前业内的发展趋势，除了微信外，客人还能通过酒店房间电视来实现互动体验。例如，客人第一次进入房间时，电视屏幕显示欢迎词。另外，酒店还可以基于云技术，通过电视屏幕向客人发送服务信息，如高清会议、休闲娱乐节目推荐、管家服务等，云技术使得电视的端口实现了呼叫服务、客房管理远程控制等。这里我们不再详细阐述。客人关注酒店的微信公众号后，就可以通过酒店公众号的平台办理包括登记、入住等流程，以及开启房门，控制房间里的灯光、窗帘、空调等设备。最后，客人还可以通过公众号办理退房。

在智能互动体验中，酒店可以通过在客房里的一些传感器，来获取客人在房间里头的活动状态，如感知客户是睡眠状态、外出状态还是休闲状态，从而来自动调节房间里的空调灯光等设备。这种设置一方面是为客户提供一个特别便捷的控制方式和舒适的环境，另一方面也可以帮助酒店做到充分的节能。

（四）数据策略

大数据是互联网时代的重要产物，也给我们提供了一个精准营销的依据。这些客户数据采集完以后系统就可以给酒店客户提供一些营销的依据，如客人的年龄、性别、消费的习惯等。大数据可以给出影响酒店营运和利润重大关联因素，帮助管理者做出相应的营运决策。例如，南方的客人到北方来游玩，穿得都比较单薄，我们在客人来酒店之前，酒店可以通过提前把温度调整好，带给客人舒适的体验。

简单地说，智慧酒店先是能够智能地欢迎客人、了解客人、联系客人、照顾客人，最后通过大数据的一些分析给客人提供特别订制化的接待服务，提高客人的满意度，提升客人二次消费的概率。

二、智慧酒店设备使用实训

（一）服务软件集中监控

酒店可以通过酒店客房管理软件对整个酒店的所有房间进行是否空置管理和对客房内的灯光、空调、门铃面板、电动窗帘、风机等设备的实时状态进行监控，使得管理更加明晰，服务更周到。比如，运用酒店客房管理软件，前台服务员可为房间设置“入住模式”，在客人入住客房之前，房间自动调节到舒适的温度以迎接客人入住，当客人拔出房卡离开房间，空调温度自动升高，若客人离开房间超过设定时间，房间空调将自动关闭等。

（二）系统提示

当系统发生故障时，系统自动在软件上弹出信息以通知管理员，如某个房间的空调系统有异常，系统会及时提示管理者进行故障处理，提高酒店的服务效率。

当客人发生紧急情况时，可通过紧急求助面板来通知酒店服务员，求助信息将立刻在酒店前台电脑显示屏上弹出，并发出声音警报以提醒工作人员及时处理。

（三）智能门禁系统

智能门禁安全管理系统是一种新型现代化安全管理系统，它集微机自动识别技术和现代安全管理措施为一体，它涉及电子、机械、光学、计算机、通信、生物等诸多新技术。它是酒店重要出入口实现安全防范管理的有效措施。

例如，客人进门后放行李忘记了关门，门磁开关感应到后，酒店客房系统会发出声音提示。同时通过采集取电开关卡片信息实现插卡取电、拔卡断电功能；未经授权的卡，拒绝取电。

（四）电脑网络系统

入住酒店客人中有一大部分为商旅人士，这个群体对电脑客房的需求率占 95%，而出行愿意携带笔记本电脑的客人仅为 10%左右。客房需配备电脑，满足客人进行互联网冲浪、收发邮件、Office 软件办公、QQ/MSN 聊天、股市行情、网上订票等需求。

（五）展示系统

展示系统分为两类，一类是向客人展示自己酒店的资料与服务，如酒店的发展历程、分支网络、企业文化、酒店服务、特色菜系、方便客人了解酒店；第二类是向客人展示酒店当地的特产、风土人情等信息，帮助客人了解当地信息。

（七）互动系统

互动系统即客人能够在客房内与前台服务员进行互动。例如，前台服务员发布信息，客人立刻就能在客房内查看，客人也可以在房间内进行点餐、订票、租车、退房等请求服务。

（八）信息查看系统

酒店的信息查看系统包括如下功能：

服务提醒功能：请勿打扰、请清扫、订制服务、退房提醒等。

客房信息提示功能：方便服务员的工作、避免打扰客人工作和休息等。

请稍后提示功能：有客人来访时，提示门外等候的客人稍等。

客人在房间内可以实现信息查询，如天气、航班动态、列车时刻、轮船时刻、客车时刻、市区交通、高速路况、市区路况，等等。

三、智慧酒店发展前景展望

智慧酒店的面世给我国酒店行业的发展带来了发展转机，智能化、信息化、品质化将成为酒店行业发展的趋势。智慧酒店建设将对酒店管理水平和服务质量的提升起到重大推动作用，实现传统酒店行业管理模式以及盈利模式的优化升级；重新整合酒店产品价值链，创新酒店服务业态，将一些酒店文化创意业态、服务业态引入，实现价值链的补足；形成与酒店行业相关的文化创意产业以及 IT 服务支撑产业，推动整体意义上的产业融合发展，实现智慧酒店向融合、创新、高效、智能化的方向发展。

首先，智慧酒店将实现工作效率的提升，创造翻倍的营业收入。智慧酒店以智能化、信息化的优势可以实现相关设备的智能化服务，可以让住客与酒店服务始终处于在线的服务模式，从而有效提升高效率的服务。比如，在消费者提出远程服务需求的时候，酒店可以通过在线服务及时为住客做好个性化服务准备，提升住客对酒店服务的满意度。智慧酒店可以通过为消费者提供个性化、多元化的价值服务，提升智慧酒店的综合竞争力，以高效率、智能化服务模式为智慧酒店创造翻倍的营业收入。

其次，智慧酒店将往低成本、高品质的趋势发展。酒店经营成本中最为重要的一点是酒店能耗，以智能化的模式来控制好酒店的能耗可以最大限度地降低酒店的经营成本。比如，智慧酒店可以通过智能化设置实现简单快捷的清扫模式，在提升清扫工作效率的同时最大限度降低经营成本；还可以减少智慧酒店在装潢方面的成本，以装饰的便捷性、品质性以及智能化取代奢华的装潢；可以通过"酒店云"为酒店创造一个高效快捷的营销渠道，智慧酒店将在智能化服务氛围下为消费者提供高效、低成本、高品质的智能服务体验。

最后，智慧酒店将为消费者提供更为私密、安全的酒店管理服务。为住客提供安全私密的酒店服务历来是酒店的核心关注点，智能化酒店管理可以让消费者通过智能终端获得各类资源信息，获得舒适、安全、私密的智能服务体验。智能理念的植入将成为智慧酒店的亮丽风景，为消费者提供耳目一新的体验。

第三节　智慧酒店的发展

一、智慧酒店的发展趋势

现在全球已经进入了移动互联网的时代，移动互联网把我们推入了一个体验经济的时代，重新定义了酒店体验。"互联网+"时代，无论是大数据、云计算，还是物联网技术，都为酒店智慧化建设提供了诸多助力。2015 年，移动互联网快速发展；2018 年，云技术广泛影响酒店的营利和管理；2020 年，物联网正式进入酒店领域。预测到 2025 年，智能机器人将普遍应用于酒店行业。酒店不管是主动融入还是被动转型升级，都要顺应时代发展潮流，以提升客人体验为立足点，借助科技构建酒店智慧服务和管理体系，深度挖掘潜在的消费市场，提升酒店核心竞争力。

智慧化酒店建设应以提升酒店服务水平和综合管理能力为出发点和归宿，引入高科技产品和技术。毋庸置疑，客人在酒店是为了获得良好的入住体验，享受的是酒店提供的服务而不是技术，技术可以推进服务水平提升，但不能凌驾于服务之上，不是通过高科技让酒店表面看上去有多“智慧”，而是通过科技准确地洞悉客人的消费需求，科学地设计服务流程，让智慧服务体现在智慧酒店建设的各个环节。

国外将信息技术应用于酒店业研究和实践比较多。例如，日本东京半岛酒店，东京半岛酒店是全世界唯一一家设有内部研发部门的酒店，共有20名工程师不断为客人开发最具人性化的智能科技服务。东京半岛酒店最妙之处在于那些无所不在的按钮，都以一种“润物细无声”的方式完美地融入了酒店本身唯美华丽的风格。房间内整套的智能电话接听系统令人印象深刻，因前台知道客人来自哪个国家，所以电话自动设定成为宾客母语；如果有电话响起时，房间内的广播和电视都会自动变成静音；客人如果外出，还能将客房电话带着出门，只要按下其中一个钮就能直接联络到酒店工作人员，丝毫不用担心在错综复杂的东京街道迷路。

而国内的智慧酒店比国外发展得晚，国内智慧酒店发展要从2001年说起，当时要以上海瑞吉红塔大酒店为代表的一些高星级酒店，发展智慧酒店的目的是减少人工操作，提高酒店的工作效率，节约人力成本，降低能耗，加强经营管理，为宾客提供更加安全舒适健康的生活环境。虽说发展智慧酒店的目的很好，但由于种种原因的限制，一开始的智慧酒店发展并不是很顺利，很多预期设定的目标都还没有达到，如今随着经济和科技的不断发展，国内的智慧酒店已取得突飞猛进的发展。但就整体而言，我国智慧酒店发展仍处于初级阶段，主要存在以下问题：

（1）简单复制，产品趋同。目前，智慧酒店还是一个比较新兴的事物，处于发展阶段，还没有完善的标准和规范，诸多新技术不断涌现，技术公司夸大技术优势的宣传，酒店行业高层次复合人才缺乏等诸多因素，使不少酒店对智慧酒店的概念并不清晰，只停留在装修和设备升级上。它们试图进行简单复制，盲目跟风转型，从而过于依赖技术设备，忽视了顾客体验和顾客隐私，不但没通过信息技术提升服务能力，反而因为服务缺陷降低了顾客体验，损害了顾客权益，让酒店失去了人情化“温度”和市场。

（2）投入不足，体验不足。智慧酒店建设势必要将信息化技术与酒店的经营管理和服务相融合，智慧酒店不仅是一个前台、后台应用了现代信息技术的酒店，更是全方位的信息化酒店，且随着AI技术的出现和应用，智慧酒店成为搭载了人与物交互模式的酒店。这种信息化的建设过程，将会耗费远高于传统酒店建设的成本，使很多酒店望而却步，制约了智慧酒店的建设进程。另外，耗费高成本打造出来的酒店也未必一定获得市场认可，如阿里打造的无人酒店，虽然充满了高科技和新奇体验，但消费者排斥酒店价格，住宿体验欠佳，使市场对这种未来酒店的期待也只能归于现实。所以，如何低成本、高质量地打造智慧酒店应成为当前的关注点，传统酒店不能一味地盲目投入。

（3）追求营销，忽视服务。不少酒店热衷于利用互联网、移动设备等新技术进行品牌推广、产品营销，却忽视了智慧服务才是智慧酒店建设的落脚点，是提升顾客体验、增加顾客黏性的关键所在。有的酒店在营销过程中过度使用红外感应技术、定位技术等，不注意客户隐私保护，反而导致客户的流失。

二、智慧酒店的发展模式

未来酒店的发展方向将会是智慧酒店，同时智慧酒店未来的发展方向肯定会走向平民化——让智能科技服务市场，而非用高价凌驾于市场之上。对于酒店来说，发展智慧酒店并不是单纯地为了抢占高端市场来对酒店进行改造，而是为了满足不同客户群建立不同的智能化模式。那么智慧酒店应该处于怎样的状态呢？下面给大家介绍几种模式：

（一）无人模式

客房在无人入住时处于待租无人模式，客户控制系统（RCU）此时处于无人省电运行状态；客房内的空调运行处于无人模式，授权客房控制系统远程控制；客房卫生间内排风扇定时排风，保持室内空气清新。

（二）入住模式

酒店前台可通过客房控制系统软件查看客房设备的运行状况，将设备正常的客房提供给客人；为客人办理入住手续，向客人发放电子门锁卡，客房随即进入入住模式；空调将由无人模式自动切换到开房模式，在开房模式下，客房控制系统将空调自动设定为舒适温度，使客房在客人进入时已达到舒适温度。

（三）欢迎模式

客人利用客房控制系统——宾客卡开启门锁；廊灯自动开启并延时 30 秒关闭；客人将开门卡插入节电开关，节电开关进行智能身份识别，只有合法卡方能取电，灯光进入欢迎模式。

（四）普通模式

客人可通过弱电开关面板对灯光、电视、窗帘等进行控制；空调进入本地操作模式，客人可按自己的需求操作温控器来控制客房温度；在软件端可实时查询客房内空调运行情况，如实际温度、设定温度、风速等；客房控制系统还可以将客房内客人发出的“请即清理”“请勿打扰”“请稍候”“SOS”“退房”等服务信息，实时传送至门外显示器、楼层管理软件界面。

当然在未来的酒店智能化发展中，智慧酒店的运行将不会局限于这四种模式。在未来的发展中，酒店行业一方面将继续优化目前的智能模式，另一方面根据酒店需求打造不同档次的智能化服务，让酒店的市场定位更清晰，避免多余资源的浪费。

三、未来智慧酒店应用场景展望

智慧酒店的发展趋势是向规模化和规范化发展，未来酒店行业将实现产业链的改造，将酒店行业的发展将更加规范，从而也可推进智慧旅游整体水平的提升。

未来智慧酒店的营销方式应该更具多样性，未来将会有越来越多的酒店通过网络平台来向客人展现自己酒店的特色，包括文化、历史、服务等，并可远程实现与客人实现双向的互动。

未来智慧酒店建设，必定会以“绿色、创新、和谐”为建设理念，在“智慧管理、智慧营销和智慧服务”上下功夫，以现代科技为指引，真正实现酒店全方位的智慧化。未来运用手段将更加信息化、数字化、智能化、网络化、互动化、协同化、融合化，在表现形式上充分体现平台化、个性化、支付手段多样化。通过科学技术平台、个性化服务平台以及综合服务平台打造核心价值体系实现酒店产品的深度开发和信息资源的有机整合，实现酒店资源与社会资源共享与有效利用的管理变革。同时实现科技创新价值、产业支撑价值、经济效益价值以及社会拉动价值。在技术上将广泛使用超声波、人脸识别、智能穿戴设备、虚拟现实、遥感、卫星定位和精准导航、3D 打印、混合云、万物互联、人工智能（AI，包括机器人、语言识别、图像识别、自然语言处理和专家系统等）等高科技以及多样化的移动设备。应用 ERP 系统、前台人脸识别系统、公共区域内部导航系统、虚拟体验系统、收益系统、数据分析系统、经营决策系统、送物和交流及多项服务智能机器人。

下面列举几个智慧场景：

（一）内部导航

内部导航，即先确定要去的房间、车位、会议室、餐厅、住宅、商场、柜台等，用 App、微信、内部地图等进行手机导航至目标。

（二）智慧停车系统

未来智慧酒店停车场将采用超声波和地感线圈监管车位占用情况，引导场内停车。

（三）人工智能服务

未来酒店将采用国内最先进智能管理系统，同时将在服务台、大厅、走廊、房间内等安置机器人，从办理入住、人脸识别开房门到开启灯光、窗帘，包括咨询、景点介绍、行李运送甚至互动娱乐，为客人提供周到的服务，提升客人的满意度。

未来智慧酒店将突破行业传统技术方案的瓶颈，解决了集成度低、稳定性差、功耗偏高等问题，可使酒店的平均费用节省 2/3 左右，且能巧妙利用酒店空间，实现遥控器一键切换电视、电脑等不同功能，使用便捷。

参考文献

［1］赵卉．智慧酒店的发展分析［J］．旅游纵览，2020（8）：18-20.

［2］王琳．智慧酒店核心价值体系构建及发展趋势展望［J］．宿州教育学院学报，2014（3）：51-52，68.

［3］钟艳，高建飞．国内智慧酒店建设问题及对策探讨［J］．商业经济研究，2017（18）：174-178.

第七章 智慧景区体验与创意

第一节 智慧景区

一、智慧景区概述

（一）智慧景区的概念

广义的智慧景区是指科学管理理论同现代信息技术的高度集成，实现人与自然和谐发展的低碳智能运营景区。它能够更有效地管理生态环境，为游客提供更优质的服务，为社会创造更大的价值。广义的智慧景区内涵丰富，主要包括以下四个方面：

（1）通过互联网对景区全面、透彻、及时地感知；

（2）对景区实现可视化管理；

（3）利用科学管理理论和现代信息技术完善景区的组织机构，优化景区业务流程；

（4）发展低碳旅游，实现景区环境、社会、经济的全面、协调、可持续发展。

狭义的智慧景区是数字景区的完善和升级，它是指景区能够实现可视化管理和智能化运营，能对环境、社会、经济三大方面进行更透彻的感知，更广泛的互联互通和更深入的智能化的景区。狭义的智慧景区强调技术因素，广义的智慧景区不仅强调了技术因素，还强调了管理因素。

（二）建设智慧景区的意义

智慧景区的建设是对景区硬实力和软实力的全面提升，其建设路径主要由信息化建设、学习型组织创建、业务流程优化、战略联盟和危机管理构成。信息化建设和业务流程优化能够帮助景区实现更透彻的感知和更广泛的互联互通，提高景区管理的效率和游客满意度；创建学习型组织和战略联盟有利于提高景区管理团队的创新能力，培养景区企业的核心竞争力。

智慧旅游以融合的通信与信息技术为基础，以游客互动体验为中心，以一体化的行业信息管理为保障，以激励产业创新、促进产业结构升级为特色，其核心是以游客为本、网络支撑、感知互动和高效服务，旨在通过信息技术和旅游服务、旅游管理、旅游营销的融合，使旅游资源和社会资源得到系统化整合和深度开发应用，服务于政府、企业、游客等的旅游发展形态，并结合社会公共服务和现代企业管理理念，注重游客体验、提升企业经营能力和政府公共服务能力，促使生态、文化、社会和经济的综合价值最大化，实现旅游产业的可持续发展。

旅游景区的智慧化建设是智慧旅游健康发展的第一原动力。无论是自然资源丰富的景区还是历史文化厚重的景区，抑或是现代主题鲜明的园区，它们对资源经营、接待能力提升、安全监控以及游览服务辅助的技术的应用一直是智慧景区力求完善的主旨。因此，建设智慧景区对于推进智慧旅游整体建设，推进信息技术与旅游业的融合，加快旅游业管理现代化和国际化进程，实现整个旅游产业更好更快的发展具有重要意义。具体体现如下：

（1）有助于推动景区管理机构服务职能转变。建设智慧景区可以借助技术手段，促使景区资源的合理安排、整合协调、动态监管，发挥其对旅游信息公众化服务、行业规范性指导，通过准确地掌握游客的旅游活动信息和旅游企业的经营信息，实现旅游行业监管从传统的被动处理、事后管理向过程管理和实时管理转变，促进旅游管理机构的服务职能将进一步由被动处理向主动服务转变。

（2）有助于促进景区旅游产业的跨越式发展。随着旅游电子商务平台、旅游公共服务平台、旅游营销宣传平台、手机移动服务平台等一批项目的建设投入，全方位的旅游资讯和动态服务，将充分吸引游客对景区旅游产品推介、旅游生活体验的关注，促使游客由线上体验到线下消费的现实转变，特别是散客资源。旅游景区作为旅游产业链中的核心组成部分，旅游景区的智能化设施和智慧化管理也提升了旅游业态对游客的吸附和消化能力。

（3）有助于促使旅游企业实现旅游经营增长和管理成本优化的双重丰收。旅游景区管理机构作为满足游客体验需求、吸引游客体验消费的服务主体，它具有商业盈利和服务规范的双重诉求。信息技术的应用和智能设施的投入，从服务数量上，提升了旅游景区对游客快速增长的接待能力和服务能力。从服务营销上，旅游景区可以通过旅游舆情监控和数据分析，挖掘旅游热点和游客兴趣点，策划对应的旅游产品，制定对应的营销主题，推动旅游行业的产品创新和营销创新。另外，旅游景区也可以通过量化分析和判断营销渠道，优化长期合作的营销渠道。从服务质量上，提升了旅游企业对游客日益增长的多方式、多途径信息获取诉求的响应能力。

二、智慧景区的规划与建设

改革开放40多年来，我国经济发展已经取得了突飞猛进的进步，旅游业也同步进入了爆发性增长阶段。随着信息技术的发展，旅游业经历了从传统旅游到电子旅游、再到数字旅游，从而发展到今天的智慧旅游。旅游景区信息化建设呈现智能化、应用多样化发展趋势，多种技术和应用交叉渗透至旅游行业的各个方面，我国旅游业发展的一个新趋势就是建设智慧景区。

早在 2015 年，国家旅游局（现文化和旅游部）就提出了“旅游+互联网”行动计划。该行动计划推动了我国 5A 级景区智慧旅游的建设，并提出推动全国所有 4A 级及以上景区实现智慧旅游。提供的服务包括：景区在线预订、免费无线网络覆盖、云讲解、智慧导游、信息实时推送等功能。

2017 年，国务院印发了《新一代人工智能发展规划》，将人工智能提升为国家战略，人工智能必将成为国家经济社会发展的新动力，其中“加快推进产业智能化升级”的重点服务领域就是智慧旅游。人工智能、物联网技术的应用将全面改善景区现有旅游环境，大幅度提升景区管理效率和游客体验。这一模式将极大地减轻景区管理上的负担，提升景区的个性化服务水平，提升景区旅游的便利性、提升游客的安全性和幸福感，为实现智慧景区全面发展提供良好支持。

建设智慧景区的应用系统，主要从面向游客、面向景区、面向商家及面向管理部门四个方面考虑。

（一）面向游客的智慧服务

面向游客的智慧服务包括旅游电子商务、电子门票、定位导航及自助导览等。

旅游电子商务，通过景区 App、微信公众号、小程序、二维码、手机验证等多种接入方式，以线上线下一体化应用为基础，提供智慧化预订及信息查询服务。

智能电子门票，智慧旅游平台建设统一的门户，游客及旅游企业可以通过手机 App 等移动端、电子导览终端、互联网平台进行门票订购，它还可以提供景区与商户票务、优惠券的验证、统计与分析报表等服务。

定位导航服务，游客可通过景区客户端享受室外景区基于 GPS 及北斗卫星，室内景区基于 Wi-Fi 及蓝牙的定位、导航、紧急报警等服务。另外，还可以提供包括周边配套设施搜索、最佳旅游线路推荐等衍生服务。

自助导览服务，智慧景区建设的一大特色应用就是完美解决景区自助导览短缺问题。通过自助导览设备、手机 App 等方式接入自助导览应用，游客在游览过程中，设备可以自动定位及播报参观景点的音视频信息，图文并茂地讲解景区特色。同时也可以结合影像介绍多国语言等，避免导游服务水平参差不齐等问题，做到了为游客服务的流程化、规范化。

互联网虚拟旅游，游客可以通过景区 App、Web、微信公众号等方式接入景区智慧旅游平台，除了远程虚拟旅游外，还能实时动态掌握景区的景色、天气和客流情况。并可观看景区的音视频介绍，观看景区不同季节时间的风景，实现虚拟旅游。互联网虚拟旅游能起到很好的景区宣传效果，对用户的冲击力远胜文字，支持大流量、高分辨率的视频图像展现。

LED 信息发布，通过实时流量统计，当某一景点出现客流量激增、人员密集报警后，智慧景区平台需要借助景区设置的 LED 信息发布屏、移动端信息推送等方式进行游客流量引导。景点 G 报警后，在景点 C 的 LED 屏幕上，引导游客去往景点 B 和 D。

（二）面向景区的智慧管理

（1）景区门票网上预订。游客可通过短信、WEB、App、微信公众号等多种方式申请景区电子门票，平台通过短信、微信或 App 等方式发送二维码电子门票。景区电子门票管理系统为景区提供了多种预定形式、支付方式。

（2）景区全方位安防监控系统。景区监控系统从确保游客安全利益出发，以游客游览线路为重点，兼顾景区安全防范工作等内容，保障游客在景区内游览活动的人身和财产安全。伴随人工智能技术发展，现有视频监控技术已实现从被动监控向主动监控的发展，通过 AI 智能安防，智能视频分析技术，可以实现对景区人员活动轨迹分析、可疑人员侦测及临界预警等。

（3）景区停车场管理。实现出入口免取卡车牌识别、空余车位引导、反向寻车及扫描自助缴费功能。

（4）智慧桥梁监测系统。在桥面与拱肋间加装动位移传感器，采用特别方法获取汽车每小时最大位移，然后把位移连成折线，由计算机自动分析，自动预警。当观测数据超过预设红线，系统自动发出短信预警。

（三）面向商家的智慧营销

（1）广告营销。利用广告营销功能可以与商家组成联盟，共同开拓和分享旅游产品的销售。

（2）酒店客房预订。提高酒店入住率、丰富客房销售渠道。

（3）企业名片。为商家（餐饮、购物中心、娱乐等）量身打造“企业名片”，发布服务促销信息。

（四）面向旅游管理部门的智慧监管

（1）应急指挥调度管理系统。监测、调度及分析，都基于 GIS 综合应用管理平台在指挥调度大厅大屏上的直观展示，实现实时调度指挥。

（2）旅游客流动态监测系统。基于基站的旅游客流动态监测系统，客源分布，分省、地市显示；游客行为分析，如频次、停留时间。根据数据分析，部署下一步景点规划，从而提升经济效益。

（3）行业监督管理。建设统一的行业监管服务平台，制定合理的旅游行业监管流程，开发基于物联网技术的位置定位等，提升旅游监管水平。

（4）智慧景区综合信息管理平台。基于实时、动态的大数据采集、数据分析处理及标准化接口，通过物联网、云计算及大数据分析，实现对游客、景区软硬件资源等数据的实时掌控，以提升景区的信息化管理水平，提升景区管理效率和游客体验。为精准营销及可视化运维提供全方位支持。

第二节　智慧景区中的智慧科技

一、智慧景区智慧科技应用

（一）信息技术的应用

信息技术主要是指应用计算机科学和通信技术来设计、开发、安装和实施信息系统及应用软件。信息技术正不断突破时间、空间的限制以及终端设备的束缚，从计算、传输到处理，从感知、传感到智能，对企业、组织、机构的运营效率和业务模式造成了深刻的影响。信息技术的快速发展为智慧景区的建设提供了技术支持。景区可以运用信息技术建设景区智能化管理平台，实现景区智能化管理。

（二）景区物联网应用

智慧景区是物联网典型的应用场景。物联网实现了游客与游客、游客与景区管理人员、景区中的人与景区设施、景区设备与设备的互联互通。将 RFID、传感器等数字技术运用到门票、游乐设施、内部通道、重要景点、供水供电系统等景区的各类场景，可以实现对景区更透彻的感知；景区借助于互联网，能将景区事物信息实时准确地传递出去，从而实现更为广泛的互联互通；技术利用云计算、模糊识别等各种智能计算技术，对海量的数据和信息进行分析和处理，能够对景区内各类人和物实施智能化的控制。

二、智慧景区常用技术与设备

智慧景区建设是一个复杂的系统工程，既需要利用现代信息技术，又需要将信息技术同科学的管理理论集成。智慧景区的建设是对景区硬实力和软实力的全面提升，可培养景区企业的核心竞争力；危机管理可以提高景区的危机管理能力，降低危机发生的概率和减少危机造成的损失。

（一）信息基础设备

信息基础设施主要是指各种传感设备（射频传感器、位置传感器、能耗传感器、速度传感器、热敏传感器、湿敏传感器、气敏传感器、生物传感器等）。建设智慧景区，需要将这些设备嵌入到景区的物体和各种设施中，并与互联网连接。

（二）数据中心

数据中心是智慧景区的重要组成部分。智慧景区的建设离不开数据中心的支撑。数据中心是景区信息资源数据库的存储中心、管理服务中心，也是景区的数据交换中心。担负着自身数据积累和与外部数据交换的重要使命。

（三）信息管理平台

景区信息管理平台是智慧景区的核心平台，能实现资源监测、运营管理、游客服务、产业整合等功能。它包括：

（1）地理信息系统，该系统能同时将多媒体技术、数字图像处理、网络远程传输、卫星定位导航技术和遥感技术有机地整合到一个平台上。

（2）旅游电子商务平台和电子门禁系统。

（3）景区门户网站和办公自动化系统。

（4）高峰期游客分流系统。高峰期游客分流系统可以均衡游客分布，缓解交通拥堵问题，减少环境压力，确保游客的游览质量。景区可以通过预定分流、门禁分流和交通工具实现三级分流。其中，采用 RFID、全球定位、北斗导航等技术实时感知游客的分布、交通工具的位置和各景点游客容量，并借助分流调度模型对游客进行实时分流。

（5）其他配套系统。其他配套系统包括规划管理系统、资源管理系统、环境监测系统、智能监控系统、LED 信息发布系统、多媒体展示系统、网络营销系统和危机管理系统等。

（四）综合决策平台

综合决策平台是为实现景区管理和服务的深度智能化而搭建的。该平台是建立在信息管理平台和众多业务系统的基础上的，它能够覆盖数据管理、共享、分析和预测等信息处理环节，为景区管理层进行重大决策提供服务。该平台还应将物联网与互联网充分整合起来，使景区管理高层可以在指挥中心、办公室或通过智能手机全面、及时、多维度地掌握景区实时情况，并能及时发号施令，以实现景区可视化、智能化管理。

三、典型的智慧景区案例

【案例分享】

案例一：九寨沟

2010年10月29日上午，全国首个具有自主知识产权的景区可量测实景影像服务平台，在位于四川省阿坝藏族羌族自治州的九寨沟景区内，通过院士专家们的评审验收。这意味着九寨沟正式变身成为全国首个智慧景区。

"今年国庆期间，九寨沟最多一天接待2万余名游客，客流量的增大使景区的接待能力也随之超载。"九寨沟景区管理局副局长徐荣林介绍，游客数量的增加让人可喜，但随之而来的游客不满也增多了。

据了解，在九寨沟景区内的诺日朗餐饮服务中心，每逢旅游旺季，游客就餐等上一两个小时是常有的事。除了就餐外，各景点乘车站点拥挤，一些知名景点游客承载量超载等问题，导致景区的管理成本快速上升。

从2002年的100万人次的游客接待量增加至地震前的260万人次，九寨沟景区是旅游产业迅速发展的一个典型，其速度在国内外景区都属罕见。旅游经济快速发展的同时，景区保护与发展的矛盾也日益突出。如何协调旅游经济发展与生态环境保护的关系，实现景区的可持续发展？

2013年1月，来自中国科学院、中国工程院等院校的专家组来到九寨沟景区，为景区"会诊"。会上，由九寨沟承担的国家863重大课题《基于时空分流导航管理模式的RFID技术在自然生态保护区和地震遗址的应用研究》正式开题。九寨沟开全国先河，提出了"智慧九寨"这一管理模式。

随后，九寨沟风景名胜区管理局开展了景区网格化管理的尝试，以局属保护处、法规处、居管办、规划建设处作为试点职能部门先行实施。

"现在，我们各景点一线的工作人员都配有'景管通'的手机，随时可向指挥中心报告。"在景区内的诺日朗瀑布前，九寨沟数字信息中心的助理工程师王琦向记者演示了"景管通"软件的功能。

"比如，景点的游客人数达到饱和或发生突发事件，我们可以第一时间将讯息传至指挥中心的大屏幕。"据王琦介绍，通过景区网格化管理与服务系统项目的试点实施，形成了监督发现机制，将管理工作变被动为主动。同时，管理局辖属职能部门转变管理模式，工作效率明显提高。景区应急处置能力也得到大幅度提高。

【案例解析】

从"智慧九寨"的功能上看，它是九寨沟景区管理的智能化体现，它是建立在集成的、高速双向通信网络的基础上，通过先进的传感和测量技术、先进的控制方法以及先进的决策支持系统的应用，有效改善九寨风景区商业运作和公共服务关系，实现九寨沟旅游资源的优化使用、生态环境的有序开发和保护、游客满意度提升、产业效益最大化的目标。

“智慧九寨”的建设重点是通过信息化手段，解决旅游旺季景区景点游客拥挤、乘车站点拥挤、车辆调度不畅等问题，实现优化的综合实时管理调度。智能化的管理系统在城市的交通、能源、城市管理等多个领域中已经得到了应用，同时该项技术也表现出了良好的发展前景。

（资料来源：新华网四川频道九寨沟29日通过验收变身全国首个“智慧景区”，2010-10-31）

第三节　智慧景区的发展

一、智慧景区发展现状

（一）景区智慧化发展的背景

我国正值由世界旅游大国向旅游强国转型的关键期，同时也面临着增长方式和发展目标上的战略调整。面对新形势，我国景区可持续发展面临新挑战，主要表现为：

1. 热门景区游客超载

游客超载不仅容易导致生态环境的破坏，而且容易造成景区交通拥堵，诱发安全事故，降低游客游览质量。热门景区需要有效管理游客，加强生态环境监测，在旅游高峰期对游客实施时空分流导航管理，均衡游客分布，以减轻环境压力，提高游客满意度。

2. 景区需要加快低碳旅游发展

为缓解全球气候变暖趋势，应对能源危机，以“低能耗、低污染、低排放和高效能、高效率、高效益”为特征的低碳经济正日益受到重视，低碳旅游将成为景区可持续发展新的战略制高点。我国景区需要应用各种节能、减排、碳中和技术提高管理效率和管理水平，降低旅游发展对环境的影响，提升景区可持续发展能力。

3. 景区危机管理水平需要提高

旅游景区应在物联网基础上建设智能监测系统、风险评估系统、应急响应系统和危机决策系统，这样才能有效应对火灾、洪水、极端天气、地震、泥石流等自然灾害、瘟疫、恐怖袭击等突发事件对智慧景区建设的冲击，避免或减少对游客、社区居民、景区工作人员的人身和财产造成的伤害和损失，实现旅游景区的健康有序发展。

由于疫情影响，很多游客被迫放弃了旅游活动。但疫情过后，各大景区必然会出现游客数量暴增的现象，特别是疫情对旅游习惯的改变，会让游览需求更加多样化，游客想了解诸如附近的停车场空车位、洗手间、特色餐厅是否有空位，以及它们的排队状况等这些细微琐碎的服务需求，已经难以再靠传统方式获得满足。智慧景区建设刻不容缓。

同时，对于景区管理者来说，旅游管理中面对的种种问题也亟须大数据的帮忙。如何快速向游客推送景区各类信息，如何获知人流热度以便及时指挥调度，如何管理景区的景点、道路、设施相关数据，这些都是国内更多传统景区转型中亟须攻克的难点。

大数据技术可以帮助游客和景区绘制景区内精准的基础地图数据，帮助游客和景区进行拥堵、排队等人流、车流大数据采集、分析基于位置的大数据，帮助景区进行实时活动信息、地址信息变更等在线数据管理。

建设智慧景区已经成为我国旅游业发展的一个新趋势。

（二）智慧景区建设面临的困境

为了提高管理水平，我国各大景区都在进行智慧景区建设。但是，智慧景区建设不容易深入，其主要面临以下困境：

1. 缺乏后续资金投入

智慧景区前期开发引进智能设备后，后续系统维护仍需要大量资金，后期的维护费用不足可能导致智能设备荒废；且为了节约人力资本，也没有足够的人员对设备进行日常维护管理。

2. 缺乏相关技术人才

景区工作人员以服务人员为主，智能设备维护管理人员配比远远不如一线服务人员，由于大部分景区远离市区，工作人员的生活条件不如城市，因此很难留住技术人才，致使技术人才流失率普遍偏高。

3. 不同系统之间的集成程度不高，缺乏统一标准

由于市面上的智能系统较多，各个智能系统又不能相互兼容，因此，每一套系统都需要专人维护，同时，景区还要培训员工学会使用所有设备。这使得景区的用人成本大大增加。

二、智慧景区发展趋势

对于景区来说，“智慧+”的理念在于用最小的成本获取最大的收益，其中成本包括员工使用成本、基础设施成本等，收益则主要包括门票收入以及周边产品收入等。举例来说，单个景区为节省成本，首先就得考虑用机器替代人工，投入少、效率高。票务系统的在线销售渠道和闸机检票，则从票务端减轻了景区压力，数据分析中心自动统计数据、生成财务报表，则是在数据收集与处理上节省了大量人力开支，且数据还更清晰、更准确。

智慧景区的发展是多角度的，除了从服务对象角度来划分，还可从内容建设上进行划分。从内容上而言，智慧景区表现为智慧服务、智慧管理、智慧营销。智慧景区发展有以下几种趋势：

（一）从单一游览景区向综合性景区发展

传统景区是单一游览性质的，智慧景区则是对景区进行包装升级，向历史文化体验游、生态旅游区、专项特色旅游区等方向发展。升级后的景区具有更加多元的产品、丰富的产业链，能满足更多游览类型的需求，也能提升景区的盈利空间。

（二）以景区为中心向四周延伸的目的地扩展

单个景区很难满足不同游客的需求，并且景区游览属于单次消费，光靠门票收入很难支撑景区的运营。如今很少会有人专门大老远前来体验一个单一的景区，游客大多都是抱着游览旅游目的地整个周边区域的心态。举例来说，就好似如今的特色产业小镇，单个景区投资大、收入有限，距离较近的景区何不抱团取暖形成特色景区圈，这样既丰富了游客的游览体验，同时又增加了景区收入。

（三）从浅层旅游向深层旅游转变

如今全国有非常多的景区，其建筑、设施、产品项目其实都大同小异，游客也多是走马观花式的旅游。对景区而言，这意味着价值渗透不够，很难靠游客口碑获得持续经济收入。智慧景区需要加强自身的体验设计，从视觉、听觉、味觉、触觉等多方面深化自己的服务，提供特色项目或价值塑造，完成深度游览的转型。在文旅融合的背景下，景区应该借鉴这种形式，在“景区+技术”的硬性体验上融入“景区+文化”的感性体验，这才是未来景区真正的智慧化建设的体现。

三、未来智慧景区应用场景展望

智慧景区是智慧旅游的分支，是随着信息技术发展而衍生出来的全新理念。2014 年为智慧旅游元年，同时也开启了景区智慧化建设的序幕。在竞争如此激烈的环境下，景区必须顺应时代发展，与新技术接轨，打造“智慧+景区”，才能拥有市场，吸引游客，获得盈利。目前，智慧景区的发展主要采用“技术+”的方式，充分运用大数据、云计算、互联网、物联网等新技术，促成景区更新升级。因此，未来智慧景区还有很大的发展空间，其未来应用场景主要体现在以下几个方面：

（一）刷脸一票通

从“一卡走天下”到“一机走天下”、再到“一脸走天下”，随着科技引领智能化生活带来的颠覆性变革，我们正跑步迈入“刷脸”时代。刷脸一票通系统可实现人缘的自助采集，闸机自助放行，游客可以在规定的游览时间内刷脸多次入园，避免进园需多次刷身份证，从而造成证件遗失。

（二）分时预约入园

景区通过后台系统提前从而对门票库存进行分时段管理，实时监控，针对特定日期及节假日实施特定时段管理。景区从而有效控制了入园人流，提升了管理效率。

（三）团队购票管理

景区对旅行社团队游客采用实名制预约购票和入园，解决联票拆分问题，导游可通过手机管理端进行团队创建并生成游客信息填写二维码，团队游客可自助扫描二维码进行有效身份信息录入。

（四）无人小巴车

向景区投放一批无人驾驶小巴车作为摆渡车和园区内交通车，可极大吸引游客的注意力及提升景区的科技感。

（五）移动商店

传统的商店都会有一个固定的店面，还要选一个人流量比较大的地段作为“守株待兔”的基础和保证。而现在，移动商店已悄然出现在部分景区。之所以被称为移动商店，是因为这种商店通常以一辆大型汽车作为店铺，无人售卖，可追踪热点主动前往有需求的区域，还能自动补货。它能覆盖更广的区域，售卖效率远高于固定式的售卖店铺。

第八章 智慧旅游目的地

第一节 旅游目的地观察与实践

一、智慧旅游目的地

旅游目的地是指吸引旅游者做短暂停留、参观游览的地方。从地域范围来说，旅游目的地可以指一个景区景点，也可以是一个城市、区域乃至一个国家和地区。

智慧旅游是指利用云计算、物联网等新技术，通过互联网或移动互联网，借助便携的终端上网设备，主动感知旅游资源、旅游经济、旅游活动、旅游者等方面的信息，及时发布，让人们能够及时了解这些信息，及时安排和调整工作与旅游计划，从而达到对各类旅游信息的智能感知、方便利用的效果。

智慧旅游目的地则是指整合旅游目的地的资源，通过深度整合物联网、云计算、人工智能等技术，打通所有智能设备和信息平台的数据链路，促成大数据形成，推动景区、旅游集团乃至整个国家的旅游产业高度智慧化，全面创新旅游服务、营销和管理，为旅游者提供移动互联网一站式服务，最终实现“智能管理”“智能服务”“智能营销”。

二、智慧旅游目的地观察

旅游电子商务和创新的互联网思维，使景区的收益方式发生变化，传统的以景点景区门票为主的盈利模式正在改变。以横店影视城为例，我们可以看到，横店影视城除了门票之外，还可以和横店附近的其他产业形成智慧化的商务系统，获得更多的收入。因此，整合旅游目的地多方资源，建设智慧旅游目的地，打造便捷的智能服务，发展智慧旅游目的地的旅游电子商务势在必行。

从传统的旅游目的地开发模式转变为智慧旅游模式，旅游业面临着体制、产品、产业、服务和营销多维度的升级创新。要从单一旅游目的地模式转向综合性旅游目的地的模式，更离不开智慧旅游的支持。

（一）智慧旅游目的地主要特征

智慧旅游目的地主要有以下特征：

（1）融合旅游业及相关行业的资源，旅游产业链及各种旅游组织机构的联系更加紧密。

（2）借助于现代化的信息通信手段，旅游目的地实现旅游信息的充分交换、有效传播，旅游业各种要素的配置得到逐步优化。

（二）智慧旅游目的地建设

1. 数据中心建设

信息化是当今世界经济和社会发展的大趋势，对提高企业竞争力至关重要。但是信息涉及面广，各种多样的应用系统常常不能有效地共享数据；日益增多的数据安全风险对数据中心的安全保障能力提出了挑战；现有设施的存储容量和应用系统的开发还应适应急剧增长的数据存储需要。因此建设高安全性、大容量的数据中心十分必要。

第一，数据中心的建设是旅游企业信息化建设的必经阶段。早期的信息化建设集中在网络等基础设施的建设及管理信息系统的开发等方面，现在的信息化建设将以数据中心建设为核心，并将其作为旅游企业的信息资源库；

第二，数据中心采取“数据集中、应用分布”的方式，可以有效地提高信息资源的利用率；

第三，旅游企业知识的集中沉淀与优化作用，将成为旅游企业扩张经营的必备条件，数据中心将在此方面扮演极其重要的角色。

2. 客流分析系统建设

新冠疫情发生前，中国的各种景区旅游市场发展规模总体是稳定增长的，特别是在旅游旺季，景区的人数激增。未来中国旅游目的地的游客承载量的各景区景点和所在城市的其他文旅产业还会迎来新的发展。旅游目的地如不能提前预测和及时控制，不仅会造成拥堵及安全风险，也会影响游客的旅游体验。建立客流分析系统，可以实现对景区客流量的有效分析和控制，满足景区科学管理的需求。

首先，对旅游景区控制客流量的主要目的是能够促进景区旅游业健康发展。景区根据核定的最大承载量，采取限制进入游客数量的措施，保护和合理利用旅游资源，促进旅游业的持续健康发展。

其次，提高旅游服务质量，提升游客旅游体验。旅游目的地通过对游客容量的把控和管理来提升游客的体验。

最后，避免旅游事故发生、保障游客的安全。控制景区人流量，可以减轻旅游设施设备的超负荷运转，合理安排景区工作人员，提高了景区管理的工作效率。

3. 通过数据分析，实现精准营销

当前，旅游业进入全域旅游、大众旅游、休闲旅游时代，旅游市场呈现出散客化、个性化、大众化的趋势。面对激烈的旅游市场竞争态势，旅游企业借助大数据统筹，协调线上线下资源，准确进行市场定位，全面推行精准营销，成为赢得更大市场空间的关键。随着旅游市场竞争的加剧，旅游产品差异性越来越小，而旅游消费者的需求不断发生着变化，面对散客群体规模的持续扩大，传统市场营销战略已经难以适应当前的市场需求。

智慧旅游目的地的建设帮助旅游景区和旅游企业建立精准营销闭环体系，实现用“数据说话”的全程旅游营销精准管理。整合电信运营商和互联网的数据，面向政府、管理机构、企业，提供针对旅游品牌及产品的大数据市场分析、大数据精准营销传播和大数据精准营销效果跟踪三大功能，从而节省旅游营销投入、提升旅游营销效果，实现游客流量的显著增加。

4. 通过“旅游+”和“互联网+”，推动相关产业融合

在智慧旅游目的地的建设中，“互联网+”增加了深度、厚度，“旅游+”则扩展了广度。从“旅游+”的角度看智慧旅游的目的地建设，它将加大旅游与农业、林业、工业、商贸、金融、文化、体育、医药等产业的融合力度，形成综合新产能。

5. 通过智能化的创新，赋能业务管理精细化

平台大数据统计和智能分析，为景区经营管理人员提供一种智能化、精细化管理的辅助工具；打通各职能部门信息壁垒，建立共享、协同、联动的机制，为管理人员提供科学的决策依据，以及提高他们面对各种突发事件的快速响应能力。

三、智慧旅游目的地实践

【案例分享】

智慧旅游目的地联盟

2019 年 8 月 1 日，黄山、八达岭长城、华山、武当山、西湖、普陀山、千岛湖和黄果树 8 家区域目的地智慧旅游企业，在黄山市成立“目的地智慧旅游联盟”。这是国内首个以“目的地+智慧旅游”为特色的联盟组织。

2020 年 1 月 13 日，“以生态赢未来”为主题的新生态创新发展论坛在浙江杭州举行，全国各地的 31 家知名目的地智慧旅游企业单位负责人参加论坛峰会，聚焦如何构建目的地智慧旅游发展新生态。

“中国旅游日”到来之际，2021 年 5 月 18 日，八达岭、华山、黄山、武当山、千岛湖等 20 余家目的地智慧旅游联盟单位和相关技术企业的代表齐聚北京，参加由中国风景名胜区协会主办的目的地智慧旅游联盟筹备会，会议宣布拟将“目的地智慧旅游联盟”吸

纳为中国风景名胜区协会的二级机构。

该联盟依托各自区域性目的地旅游优质资源，探索应用大数据、人工智能、5G等先进技术，打造智慧旅游产品和服务体系。联盟单位共同携手推进区域性目的地文化和旅游优质资源共享、产品互推，共同推动区域旅游目的地智慧旅游平台建设、运营互鉴、技术互动，探索为游客提供更加便利便捷、智能智慧和高品质服务的新路径。

（资料来源：根据新华网、杭州网、安徽网相关信息整理）

第二节　智慧旅游目的地的管理与服务

一、智慧旅游目的地规划

2013年11月6日，国家旅游局旅游促进与国际合作司发布了《国家旅游局办公室关于印发2014中国旅游主题年宣传主题及宣传口号的通知》（旅办发〔2013〕189号）。通知发布了2014年中国旅游主题“美丽中国之旅——2014智慧旅游年”，要求各地结合旅游业发展方向，以智慧旅游为主题，引导智慧旅游城市、景区等旅游目的地建设。

为了响应国家旅游局的号召，满足人民群众对旅游业日益提高的服务要求和旅游业自身发展的需要，全国各地必将掀起旅游信息化发展和智慧旅游建设的新高潮。智慧旅游项目的建设，需要以发展规划为指导。发展规划将在未来数年内为当地的智慧旅游建设提供一份合理的顶层设计，避免建设过程中出现鱼目混珠、价格虚高等问题，使智慧旅游工作能够健康、有序、高效地推进。

（一）智慧旅游目的地规划编制说明

智慧旅游目的地规划可参考《江苏省“十二五”智慧旅游发展规划》《宁夏旅游信息化2013—2015发展规划》《关于加快浙江省智慧旅游建设的若干意见》《贵州省智慧旅游总体规划》《北京智慧旅游顶层设计》《天津市智慧旅游总体规划》《苏州智慧旅游行动计划》《余姚市智慧旅游规划》等多个省（自治区、市）的智慧旅游规划，将它们作为编写智慧旅游规划的重要依据与衡量标准。

（二）智慧旅游目的地规划流程及说明

智慧旅游目的地规划具有一定的共通性，通过对过去几年已有的智慧旅游规划经验进行总结，本书梳理出如下制作流程（图8-1）。该流程是绝大多数规划制作单位所采用的步骤。结合当地智慧旅游发展现状和未来需求，以及智慧城市项目的建设成果，智慧旅游的规划更具针对性和可行性。

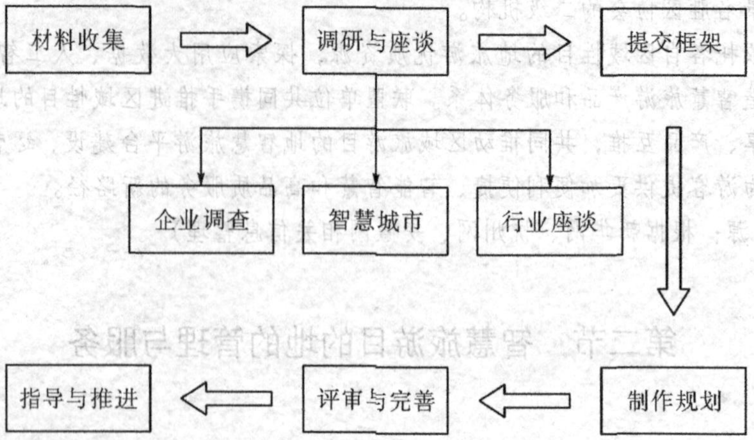

图 8-1　智慧旅游目的地的规划流程

1. 材料收集

规划设计小组通过地方文旅局等有关部门收集当地旅游产业发展思路、政府相关指导性文件、当地旅游相关数据以及智慧城市相关文件。

2. 调研与座谈

调研与座谈是制定符合当地特色的智慧旅游规划的前提。调研项目包括重点旅游企业与单位信息化程度的调研、与智慧城市相关各部门进行交流。举行座谈主要是了解各类企业和单位在智慧旅游目的地建设中各方面的需求。调研结束后将出具旅游信息化现状调查分析报告。

3. 提交框架

在规划制定之前，规划设计小组应提前提交一份智慧旅游目的地发展规划总体框架及其说明，报请当地文旅局审批。总体框架应包括根据所收集的材料、调研结果所制作的目录，以及一份关于本地特色的智慧旅游建设原则和要求的说明。

4. 制定规划

规划设计小组在一定时间制定规划内容。具体文本包括：智慧旅游目的地发展总体规划、智慧旅游目的地建设行动计划、智慧旅游目的地发展指导意见、本地区智慧旅游企业标准。规划设计小组的成员应该对整个旅游产业各环节充分了解，同时，规划设计团队应包括理论和实践两方面的专家人员。

5. 评审与完善

规划制定方邀请行业专家与规划所涉及的相关企业和单位代表人员组成评审组，对规划内容进行最终讨论和评审，并由规划设计方对规划进行解释、汇总。规划设计小组根据专家组评审意见对规划内容进行进一步完善和补充。

6. 指导与推进

在规划制作完成后，规划设计方出具指导意见，并辅助规划制定方前往规划覆盖范围内所涉及的单位开展宣讲说明以及培训工作，并提出制定方与规划相关政府部门间的协调建议。

（三）规划框架及说明

一份完整的智慧旅游规划，应该包含以下几方面的内容：

1. 建设意义

建设意义应综合前期所收集的材料，结合当地情况，阐述智慧旅游与人民需求的关系、行业发展情况以及宏观说明建设智慧旅游的意义。

2. 现状分析

现状分析应该是基于前期所收集的资料和调查报告对当地的智慧旅游现状进行的分析。并且，这部分内容应对旅游产业整体情况、规划涉及的企业单位的信息化水平建设、运营水平与各单位对智慧旅游的需求进行阐述。

3. 目标与原则

有明确的规划目标既让规划形成了总体框架，同时又能对工作的成果进行科学的评估。目标提出时，需结合本地政策与本地现状，以便提出的目标更具有针对性与本地特色。目标设定时，应尽可能地量化，以便对智慧旅游的成果进行科学评估。工作原则是智慧旅游目的地建设工作推进实施与智慧景区后期运营需遵循的规则，是保障项目设计与项目实施的理论指导。具体的工作内容与建设方案必须围绕着目标与原则实施。

4. 智慧旅游目的地体系框架

每个智慧旅游目的地建设都应有一个完整的体系框架，该框架应包括信息化基础建设工程、旅游信息数据中心、旅游公共信息服务体系、旅游产业管理与运营体系、旅游资源市场推广体系。其中，信息化基础建设工程是智慧旅游的硬件基础，旅游信息数据中心是所有智慧旅游项目的核心基础；旅游公共信息服务体系的建立，使旅游目的地能够为游客提供更加便捷、准确、翔实的旅游信息和产品服务；旅游产业管理与运营体系能够充分利用信息化手段将产业管理方式从传统方式转化为现代化管理方式，进一步提高管理效能，适应行业转型升级要求；旅游资源市场推广体系是向市场推送当地旅游资源、旅游产品及其他旅游信息的手段，也是建立与各类网络渠道合作和进行营销数据分析评估的工具。

5. 智慧旅游目的地重点项目

结合规划覆盖区域当地的实际情况，确定重点建设的智慧旅游目的地项目。这些重点项目一般可包括旅游信息数据库、旅游目的地公共信息服务平台、12301 服务热线平台、一卡通运营平台、目的地官方旅游 App 手机客户端、旅游团队管理平台、旅游企业及人员综合管理平台、旅游信息电子认证系统、旅游应急指挥与支援协调平台、旅游目的地游客流量动态监控平台、旅游视频会议系统、旅游基础网络及旅游中心机房建设、旅游信息推送平台、旅游网络营销合作平台、旅游营销数据分析平台、旅游网上商城合作平台、旅游电子门票分销系统等。

6. 保障措施和推进策略

保障措施及策略说明是为了明确组织机构、运作机制、配套政策法规、投入资金，制订对应标准和人才培养计划，从而确保当地智慧旅游工作能够顺利推进。

（四）规划的相关附件

规划的相关附件包含本地区旅游信息化现状调查分析报告，智慧旅游行动方案，智慧旅游目的地指导意见以及智慧旅游企业标准。

1. 本地区旅游信息化现状调查分析报告

旅游信息化现状调查分析报告是基于规划设计方对当地的旅游信息化现状调查得出的。该报告应涉及当地旅游相关单位企业的信息化程度、行业内知名专家和行业主体负责人针对当地旅游信息化状况的座谈结果以及当地智慧城市建设的状况等内容。此报告应说明当地智慧旅游实施过程中的优势与劣势，以及当地在今后发展智慧旅游建设时的完善方向和注意事项等，才能为智慧旅游发展规划的编制提供实际参考。

2. 智慧旅游行动方案

智慧旅游行动方案应立足于智慧旅游发展规划，在规划的基础上对各项目的建设提出进一步的指导要求，行动方案应做到具有可操作性和可延展性，为当地智慧旅游项目的建设提供指导细则，为当地智慧旅游建设和运营各参与主体提供参考指标。

智慧旅游行动方案内容包括发展规划中列出的各建设项目的具体排期、项目内容、建设资金构成、运营模式建议等。

3. 智慧旅游旅游目的地指导意见

智慧旅游旅游目的地指导意见是为了加快推进规划覆盖区域的智慧旅游建设而提出的。该指导意见应具有精神层面和实干层面的双重指导作用。力争促使当地各个部门做到从思想上重视智慧旅游建设，从行动上加快智慧旅游建设的步伐。

4. 智慧旅游企业标准

智慧旅游企业标准的编制与推行，是为了提升旅游企业智慧管理、智慧服务和智慧营销能力，统一行业标准，净化旅游市场。智慧旅游企业标准应包含旅行社、景区、酒店三大类企业标准。针对每个类型的旅游单位制定不同的行业标准，从而实现政府部门对旅游企业信息化水平的宏观管理，提升当地旅游行业的整体竞争力。

二、智慧旅游目的地管理

智慧旅游目的地管理旨在建立面向游客和旅游企业的智慧目的地一站式旅游体验平

台，以及面向管理机构的监管平台。

（一）一站式旅游服务平台架构

基于游客在行前、行中、行后的不同需求，旅游目的地需要与技术类企业合作，建立PC端和移动端的一站式旅游服务体系。智慧目的地一站式旅游服务平台包括基于移动互联技术和AR技术建立票务系统、电子地图系统、内容发布系统、旅游社交平台、导游导览系统、AR游戏系统、创客管理系统、共享交易平台、GPS定位系统、AR导航系统等。

在这个架构中，旅游目的地应理顺投融资渠道，寻找合适的技术提供方和搭建方，增加节点建设，加大服务人员投入，实现商家串联，在全域范围内形成智慧化体系。技术提供方应充分理解游客的多元化需求，针对不同旅游目的地的区位、自然资源、文化特征，因地制宜地研发相应的技术工具，完成旅游目的地票务系统、智能导览系统、大数据系统的建立和后台服务的优化，建立起属于当地、服务当地、服务游客的一站式旅游服务平台。

（二）旅游目的地监管系统

旅游目的地监管系统是基于GIS、LBS等技术实现监控、门禁、网络、LED、车辆识别、车辆调度、操作控制、信息发布、统计分析、呼叫接警中心等监管工作，包括营销推广系统、客流监控系统、大数据挖掘系统、停车管理系统、环境监测系统、安全监控系统、统计分析系统、呼叫调度系统、物联网平台、权限管理系统等。

为了实现智慧旅游体系的构建，旅游目的地要实现Wi-Fi的全覆盖，在客流集中区、环境敏感区、危险设施区设立视频监控、人流监控、位置监控、环境监测，并建立基于互联网门户、WAP门户和手机客户端的智慧系统和大数据中心，最终形成旅游新智慧体系。

（三）目的地智慧运营平台

此部分的内容以绿维文旅“全境通”来说明。

绿维文旅以“全链整合、共创共赢”为理念，以“目的地平台化运作+产业链经营”为模式，创新性地提出了“全境通”目的地O2O运营平台解决方案。绿维文旅通过平台的建设将政府、目的地、服务商、游客链接为有机的整体，旨在实现资源、产品、要素在全域空间内的充分流动与优化配置，拉动目的地综合消费潜力。此举有效地解决了智慧旅游产业的发展存在的信息孤岛、技术滞后、数据缺失、产品体验度不可控、合作端口众多导致的流程繁复的痛点问题。

绿维文旅“全境通”综合应用大数据、云计算技术，构建了标准统一的旅游数据共享交换平台，实现了信息共享，消除了信息孤岛；通过完善数据接口，实现了智慧城市的互联互通，拓展智慧旅游建设的深度和广度，并可纵向贯通国家、省、县各级数据内容，为目的地旅游管理、服务、运营、体验及产业融合提供全方位的数据支撑。通过形成信息齐全、现实性强、覆盖全域的旅游资源数据库，“全境通”有效链接了大众旅游和智慧旅游，辅助政府实现高效、精准的目的地和旅游行业管理，为景区、创客、涉旅企业提供了全方位的数据支撑和运。

三、智慧旅游目的地的智慧服务

智慧旅游目的地的智慧服务包括智慧城市综合体、智慧政务城市综合管理运营平台、智慧安居服务、智慧文化服务智慧服务应用等。

（一）智慧公共服务

智慧公共服务和目的地管理系统是指通过加强就业、医疗、文化、安居等专业性应用系统建设，提升城市建设和管理的规范化、精准化和智能化水平，有效促进城市公共资源在全市范围共享，积极推动城市人流、物流、信息流、资金流的协调高效流通，在提升城市运行效率和公共服务水平的同时，推动城市发展转型升级。

（二）智慧城市综合体

采用视觉采集和识别、各类传感器、无线定位系统、RFID、条码识别、视觉标签等技术，构建智能视觉物联网，对城市综合体的要素进行智能感知、自动采集数据，涵盖城市综合体当中的商业、办公、居住、酒店、展览、餐饮、会议、文娱和交通、灯光照明、信息通信和显示等方方面面。将采集的数据可视化和规范化，有利于管理者对城市综合体实施管理。

（三）智慧政务城市综合管理运营平台

此类项目已有实际落地案例。天津市和平区的“智慧和平城市综合管理运营平台”包括指挥中心、计算机网络机房、智能监控系统、和平区街道图书馆和数字化公共服务网络系统四个部分。其中，指挥中心系统囊括政府智慧大脑六大中枢系统，分别为公安应急系统、公共服务系统、社会管理系统、城市管理系统、经济分析系统、舆情分析系统，该项目为满足政府应急指挥和决策办公的需要，对区内现有监控系统进行升级换代，增加智能视觉分析设备，提高快速反应能力，做到了事前预警，事中处理及时迅速，并统一数据、统一网络，建设数据中心、共享平台，从根本上有效地将政府各个部门的数据信息互联互通，并对整个和平区的车流、人流、物流实现了全面的感知。该平台在城市经济建设中为领导层的科学指挥决策提供了有力的技术支撑。

（四）智慧安居服务

开展智慧社区安居服务，可先在部分居民小区开展试点工作。智慧社区建设应充分考虑公共区、商务区、居住区的不同需求，融合应用物联网、互联网、移动通信等各种信息技术，发展社区政务、智慧家居系统、智慧楼宇管理、智慧社区服务、社区远程监控、安全管理、智慧商务办公等智慧应用系统，使居民生活“智能化”。同时，逐步建立并完善智慧社区安居标准，为在新建楼宇和社区全面实行智能化管理打好基础。

（五）智慧教育文化服务

推进智慧教育文化服务体系建设，可通过建设、完善教育区域网和校园网，推动智慧教育事业发展，重点建设教育综合信息网、网络学校、数字化课件、教学资源库、虚拟图书馆、教学综合管理系统、远程教育系统等资源共享数据库及共享应用平台系统。同时，推进再教育体系建设，提供多渠道的教育培训就业服务，建设学习型社会。通过开展“文化共享”，推进先进网络文化的发展，加快新闻出版、广播影视、电子娱乐等行业信息化步伐，加强信息资源整合，完善公共文化信息服务体系。构建旅游公共信息服务平台，提供更加便捷的旅游服务，提升旅游文化品牌价值。

（六）智慧服务应用

组织实施部分智慧服务业试点项目，通过示范带动，推进传统服务企业经营、管理和服务模式的创新，加快向现代智慧服务产业转型。

1. 智慧物流

配合综合物流园区信息化建设，推广射频识别、多维条码、卫星定位、货物跟踪、电子商务等信息技术在物流行业中的应用，加快基于物联网的物流信息平台及第四方物流信息平台建设，整合物流资源，实现物流政务服务和物流商务服务的一体化，推动信息化、标准化、智能化的物流企业和物流产业发展。

2. 智慧贸易

支持企业通过自建网站或第三方电子商务平台，开展网上询价、网上采购、网上营销，网上支付等电子商务活动。积极推动商贸服务业、旅游会展业、中介服务业等现代服务业领域运用电子商务手段，创新服务方式，提高服务层次。结合实体市场的建立，积极推进网上电子商务平台建设，鼓励发展以电子商务平台为聚合点的行业性公共信息服务平台，培育发展电子商务企业，重点发展集产品展示、信息发布、交易、支付于一体的综合电子商务企业或行业电子商务网站。

3. 建设智慧服务业示范推广基地

通过信息化的深入应用，结合旅游服务业发展现状，改造、示范、推广传统服务业经营、管理和服务模式，逐步向现代金融、服务外包、高端商务、现代商贸等现代服务业转型和发展。

4. 智慧健康保障体系建设

重点推进“数字卫生”系统建设。建立卫生服务网络和城市社区卫生服务体系，构建全市区域化卫生信息管理为核心的信息平台，促进各医疗卫生单位信息系统之间的沟通和交互。以医院管理和电子病历为重点，建立全市居民电子健康档案；以实现医院服务网络化为重点，推进远程挂号、电子收费、数字远程医疗服务、图文体检诊断系统等智慧医疗系统建设，提升医疗和健康服务水平。

5. 智慧交通

建设“数字交通”工程，通过监控、监测、交通流量分布优化等技术，完善公安、城管、公路等监控体系和信息网络系统，建立以交通引导、应急指挥、智能出行、出租车和公交车管理等系统为重点的、统一的智能化城市交通综合管理和服务系统建设，实现交通信息的充分共享、公路交通状况的实时监控及动态管理，全面提升监控力度和智能化管理水平，确保交通运输安全、畅通。

第三节　智慧城市

一、智慧城市概述

智慧城市（smart city）起源于传媒领域，是指利用各种信息技术或创新观念，将城市的系统和服务打通、集成，以提升资源运用的效率，优化城市管理和服务，以及改善市民生活质量。

智慧城市是把新一代信息技术充分运用在城市的各行各业中，基于知识创新 2.0 的城市信息化高级形态，实现信息化、工业化与城镇化深度融合，有助于缓解“大城市病”，提高城镇化质量，实现精细化和动态管理，并提升城市管理成效和改善市民生活质量。

2021 年 5 月，住房和城乡建设部、工业和信息化部印发通知，确定北京、上海、广州、武汉、长沙、无锡 6 个城市为智慧城市基础设施与智能网联汽车协同发展第一批试点城市；同年 12 月，住房和城乡建设部、工业和信息化部发布关于确定智慧城市基础设施与智能网联汽车协同发展第二批试点城市的通知，研究确定重庆、深圳、厦门、南京、济南、成都、合肥、沧州、芜湖、淄博 10 个城市为智慧城市基础设施与智能网联汽车协同发展第二批试点城市。

（一）智慧城市的概念界定

智慧城市概念最早可以追溯到 2008 年 IBM 提出的“智慧地球”理念，该理念强调了各种创新科技在城市生活各方面的应用潜力。随后在 2009 年，IBM 正式将“智慧城市”定义为“运用信息通信手段，整合城市运行核心系统的关键信息，从而响应城市服务和公共安全需求，增进城市可持续性与提升城市生活质量的城市形态”。此后，很多地区开始了建设智慧城市的浪潮。学术界、工业 界以及国际组织陆续提出关于智慧城市的各种概念，这些概念通常从各个智慧城市建设项目所涉及的学科视角出发。欧盟委员会在 2010 年发布的《欧盟智慧城市报告》中将智慧城市表述为：“城市在完善社会基础设施建设的基础上，提升知识服务的运用，通过智能化管理提高资源利用率和城市可持续性，为城市居民创造便捷、高质量的生活空间。”电气电子工程师学会（IEEE）对智慧城市概念的内涵要素进行了深入探讨，指出“智慧城市是将技术，政府以及社会整合在一起，内涵包括但不限于智慧经济、智慧能源、智慧出行、智慧环境、智慧生活、智慧治理等维度”。国际电信联盟（ITU）在 2014 年提出智慧城市是“创新地使用 ICT 等手段提高城市生活服务质量、城市运作效率及竞争力，同时确保在经济、社会、环境以及文化方面的可持续性”。联合国在《智慧城市和基础设施报告》中将 ITU 所下的定义引为对智慧城市定义的参考，并且强调智慧城市建设需要充分理解智慧城市在特定的国家和城市背景下的内涵。

IBM 首次明确“智慧城市”概念以来，智慧城市的定义一直在不断被完善，各领域学者不断为智慧城市内涵注入新元素。尽管有关智慧城市的定义有多种观点，但总体而言，智慧城市是采用信息技术来提高城市系统运行效率，寻求城市居民生活质量的改善以及城市可持续性的提升。

（二）建设意义

建设智慧城市在实现城市可持续发展、引领信息技术发展、提升我国综合竞争力等方面具有重要意义：

1. 建设智慧城市是实现城市可持续发展的需要

改革开放 40 多年以来，中国城镇化建设取得了举世瞩目的成就，尤其是进入 21 世纪后，城镇化建设的步伐不断加快，每年有上千万的农村人口进入城市。随着城市人口不断膨胀，“城市病”成为困扰各个城市建设与管理的首要难题。资源短缺、环境污染、交通拥堵、安全隐患等问题日益突出。为了破解“城市病”困局，智慧城市应运而生。智慧城市综合采用了包括射频传感技术、物联网技术、云计算技术、下一代通信技术在内的新一代信息技术，能够有效地化解“城市病”问题。这些技术的应用能够使城市变得更易于被感知，城市资源更易于被充分整合，在此基础上，城市更容易实现精细化和智能化管理，从而减少资源消耗，降低环境污染，解决交通拥堵，消除安全隐患，最终实现城市的可持续发展。

2. 建设智慧城市是信息技术发展的需要

当前，全球信息技术呈加速发展趋势，信息技术在国民经济中的地位日益突出，信息资源也日益成为重要的生产要素。智慧城市正是在充分整合、挖掘、利用信息技术与信息资源的基础上，汇聚人类的智慧，赋予物以智能，从而实现对城市各领域的精确化管理，实现对城市资源的集约化利用。由于信息资源在当今社会发展中的重要作用，发达国家纷纷出台智慧城市建设规划，以促进信息技术的快速发展，从而达到抢占新一轮信息技术产业制高点的目的。为避免在新一轮信息技术产业竞争中陷于被动，中国政府审时度势，及时提出了发展智慧城市的战略布局，以期更好地把握新一轮信息技术变革所带来的巨大机遇，进而促进中国经济社会又好又快地发展。

3. 建设智慧城市是提高我国综合竞争力的战略选择

战略性新兴产业的发展往往伴随着重大技术的突破，对经济社会全局和长远发展具有重大的引领带动作用，是引导未来经济社会发展的重要力量。当前，世界各国对战略性新兴产业的发展普遍予以高度重视，我国在“十二五”规划中也明确将战略性新兴产业作为发展重点。一方面，智慧城市的建设将极大地带动包括物联网、云计算、三网融合、下一代互联网以及新一代信息技术在内的战略性新兴产业的发展；另一方面，智慧城市的建设对医疗、交通、物流、金融、通信、教育、能源、环保等领域的发展也具有明显的带动作用，对我国扩大内需、调整产业结构、转变经济发展方式的促进作用同样显而易见。因此，建设智慧城市对我国综合竞争力的全面提升具有重要的战略意义。

4. 智慧城市的社会影响

智慧城市是 IBM“智慧的地球”策略中的一个重要方面。“智慧的地球”提出以更智慧的方法，通过新一代信息技术改变人们交互的方式，提高实时信息处理能力及感应与响应速度，增强业务弹性和连续性，促进社会各项事业的全面和谐发展。而智慧城市的行动正成为“智慧的地球”从理念到实际、落地中国的现实举措。在中国经济和城市化发展的加速进程中，“智慧城市”旨在打造符合中国特色的城市样本，探索未来中国城市发展方向。

中国科学院可持续发展战略研究首席科学家牛文元曾指出，世界银行测算，一个百万人口以上的智慧城市的建成，在投入不变的条件下，实施全方位的信息管理将能增加城市的发展红利 2.5~3 倍，这意味着智慧城市可促进实现 4 倍左右的可持续发展目标，并且引领未来世界城市发展的方向。

（三）智慧城市发展预测

作为重大的创新和投资的驱动力，智慧城市运动得到了各级政府的支持和重视。IDC Government Insights 的全球智慧城市分析团队 2013 年提出了对该市场的十大预测，认为其将对技术投资、管理和评估的方向及幅度产生最为重大的影响。十大预测如下：

（1）在2013年，智慧城市项目的全球支出中有70%将集中在能源、交通和公共安全领域，其中90%的项目将至少由国家或国际政府提供一部分资助；

（2）至少50%的智慧城市计划将在业务线或城市职能层面发起；

（3）智能水资源解决方案的全球支出在2013年将达到18亿美元；

（4）智慧城市面临的信息挑战将开始被视为一个大数据问题；

（5）地方政府在机器对机器（M2M）的通信技术方面将仍然停留在研究和评估阶段，而针对非常具体的城市功能的增长将主要出现在大中型城市；

（6）使用开放数据措施的城市所推动的专属型、大众型和众包型移动应用程序将比其他城市多出50%；

（7）在2013年，地方政府将通过移动终端设备和社交媒体实现与市民的交流，从而加快一种新型市民/政府关系的诞生；

（8）智慧城市计划将尝试一种新的、风险回报共享的公私合作伙伴模式，使资金保持可持续状态；

（9）至少又将有三家一线全球ICT（信息和通信技术）供应商带着自主品牌的智慧城市解决方案进入这个市场，导致现有供应商面临更激烈的竞争；

（10）2013年至2015年获得成功的智慧城市计划中，至少有70%将由由市领导作为关键管理代表的合资企业完成。

据国家信息中心数据，2019年全国各地共报送新型智慧城市建设创新实践案例531个，我国已有8.4%的城市迈入成熟期。在技术融合方面，截至2021年1月31日，已有33个城市发布了“新基建”专项行动方案，共涉及645项建设任务，其中60%聚焦融合基础设施建设。

我国智慧城市发展是典型的政策驱动型产业，在2021年，相关部门先后发布了多项政策引导、支持智慧城市发展。国家财政工作也重点支持新型城镇化发展、产业升级和生态建设。在国家政策和财政支持下，智慧城市建设动能强劲，应用场景有望大幅拓展。

展望未来，智慧城市人工智能物联网（AIoT）应用将呈现出如下趋势：

在需求侧，将更加聚焦数据资源融合和数据治理，充分释放数据资源价值；基层智慧政务和治理将得到进一步推动；行业协会、产业联盟、普通民众等都将逐步参与到智慧城市建设当中，在资金筹措、场景应用、方案优化等方面发挥作用。

在供给侧，在AIoT平台基础上，开放平台型服务商将聚拢行业资源，持续引导生态共建；智慧城市解决方案不断落地并向基层渗透的过程中，服务商将以项目持续迭代为主要形式，兼顾标准化和因地制宜；随着整体解决方案在智慧城市大规模落地，AI能力权重继续提高，将拉高软件开发和系统集成业务价值占比。

二、智慧城市建设

智慧城市建设主要包括面向公众的公共服务平台建设、面向企业的公共服务平台建设、面向新农村的公共服务信息平台建设、智慧安全防控系统建设、信息综合管理平台建设。

（一）面向公众的公共服务平台建设

完善面向公众的公共服务平台建设。建设市民呼叫服务中心，丰富服务形式，拓展覆盖面，实现自动语音、传真、电子邮件和人工服务等多种咨询服务方式，逐步开展生产、生活、政策和法律法规等多方面的咨询服务。开展司法行政法律帮扶平台、职工维权帮扶平台等专业性公共服务平台建设，着力构建覆盖全面、及时有效、群众满意的服务载体。进一步推进社会保障卡（市民卡）工程建设，整合通用就诊卡、医保卡、农保卡、公交卡、健康档案等功能，逐步实现多领域、跨行业的“一卡通”智慧便民服务。

（二）面向企业的公共服务平台建设

继续完善政府门户网站群、网上审批、信息公开等公共服务平台建设，推进“网上一站式”行政审批及其他公共行政服务，增强信息公开水平，提高网上服务能力；深化企业服务平台建设，加快实施劳动保障业务网上申报办理，逐步推进税务、工商、海关、环保、银行、法院等公共服务事项网上办理；推进中小企业公共服务平台建设，按照“政府扶持、市场化运作、企业受益”的原则，完善服务职能，创新服务手段，为企业提供个性化的定制服务，提高中小企业在产品研发、生产、销售、物流等多个环节的工作效率。

（三）面向新农村的公共服务信息平台建设

推进“数字乡村”建设，建立涉及农业咨询、政策咨询、农保服务等面向新农村的公共信息服务平台，协助农业、农民、农村共同发展。以农村综合信息服务站为载体，积极整合现有的各类信息资源，形成多方位、多层次的农村信息收集、传递、分析、发布体系，为广大农民提供劳动就业、技术咨询、远程教育、气象发布、社会保障、医疗卫生、村务公开等综合信息服务。

（四）智慧安全防控系统建设

充分利用信息技术，完善和深化“平安城市”工程，深化对社会治安监控动态视频系统的智能化建设和数据的挖掘利用，整合公安监控和社会监控资源，建立基层社会治安综合治理管理信息平台；积极推进市级应急指挥系统、突发公共事件预警信息发布系统、自然灾害和防汛指挥系统、安全生产重点领域防控体系等智慧安防系统建设；完善公共安全应急处置机制，实现多个部门协同应对的综合指挥调度，提高对各类事故、灾害、疫情、案件等突发事件的防范和应急处理能力。

（五）信息综合管理平台建设

提升政府综合管理信息化水平；完善和深化“金土”“金关”“金财”“金税”等金字政务管理化信息工程，提高政府对土地、海关、财政、税收等专项管理水平；强化工商、税务、质监等重点信息管理系统建设和整合，推进经济管理综合平台建设，提高经济管理和服务水平；加强对食品、药品、医疗器械、保健品、化妆品的电子化监管，建设动态的信用评价体系，实施数字化食品药品放心工程。

三、智慧城市案例

智慧城市利用新一代信息技术，以整合、系统的方式管理城市的运行，让城市中各个功能彼此协调运作，为城市中的企业提供优质的发展空间，为市民提供更高的生活品质，促进城市逐步走向智慧化、数字化、物联化。

【案例分享】

案例一：福建省厦门市——5G City

在智慧城市建设方面，中国电信提出建设以“一网、一云、一平台”为核心的智能信息化基础设施，即一张城市“泛在感知”网，一朵城市安全承载云和一个“聚数生智”的城市智慧管理平台。2021 年，中国电信携手华为，在厦门构建“5G City”，向全国辐射。双方围绕 2C、2H、2B 各领域开展探索实践，以实现各行各业的新体验、新应用、新融合、新发展，更好地提升个人客户使用体验、更好地服务行业客户生产力提升、更好地擘托厦门“城市大脑”的建设蓝图，为建设智慧城市奠定良好基础。中国电信充分发挥“物、网、云、数、智”融合资源优势，服务数字政府，全面赋能新型智慧城市建设。

案例二：江西省赣州市全南县——One City 智慧城市平台

为提升城市功能品质，做好全面对接融入粤港澳大湾区配套服务，江西全南县携手中国移动开展“智慧全南”建设项目，也是首个完整应用中国移动 One City 平台的智慧城市案例。平台承载“智慧全南”指挥中心、六大智慧应用、四大平台的业务系统，运用大数据和 5G 通信技术等，感测、分析、整合城市运行系统的关键信息，为全南县政务业务系统提供数据共享交换和指挥调度的能力，有效解决了全南县城市建设中存在的“城市缺乏统一平台、各部门数据分散自治、城市缺乏整体联动指挥、各行业管理信息化程度低”的当务之急。基于“1+1+3+N”的OneCity智慧城市平台，中国移动以城市为核心场景，推动数字化向更深、更广创新发展，助力各级城市打造良善治理之城、活力经济之城、幸福宜居之城。

案例三：北京首钢科技冬奥园区——城市智脑

作为智慧城市的重要参与力量，中国联通勇担“数字信息基础设施运营服务国家队、网络强国数字中国智慧社会建设主力军、数字技术融合创新排头兵”的使命，打造了“城市智脑”新型智慧城市能力体系。在2022冬奥会准备期间，中国联通针对北京首钢科技冬奥园区的需求，开发了智能车联网业务平台主系统，完成了5G+C-V2X车联网、5G+北斗高精定位系统的部署。此外，中国联通全面承接冬奥组委通信需求，打造标准统一的冬奥通信服务技术体系，统一规划北京、张家口两地三赛区的场馆网络。在全面覆盖5G网络后，首钢园区将继续探索远程办公、智慧场馆、移动安防、无人驾驶、高清视频等多种应用，成为城市科技新地标。

案例四：湖南省长沙市——长沙城市超级大脑

腾讯研究院和腾讯云联合打造的新政务业务品牌业务理念“We City未来城市”，以基础产品和能力为底层，为数字政务、城市治理、城市决策和产业互联等领域提供解决方案。长沙城市超级大脑是其首个落地项目。腾讯充分利用自身技术优势禀赋，覆盖政务、党建、医疗、文旅等多方面城市生活领域。We City数据平台作为长沙超脑数据中台的核心数据底座，提供数据支撑能力和统一运营能力，为长沙智慧城市建设提供全方位数据支撑。在数字治理、数字惠民、数字抗疫等领域发挥了关键支撑作用，“一脑赋能、数惠全城”的智慧城市运行格局已初步形成。

案例五：浙江省宁波市——数字孪生城市公共云

数字孪生城市已成为新型智慧城市建设的重要方向，阿里云在芯片、3D建模、图像处理、高性能数据传输和处理等多个技术方向上提前布局，掌握了多个领域的核心专利。在数字孪生全栈技术的支持下，宁波城市大脑的基础能力得到进一步增强，快速实现了宁波应急业务数据、自然资源、社会经济数据的全域时空数据融合，构建应急多领域行业数据模型和仿真模型。通过仿真推演，这些模型可以实现信息采集网格化、预案管理数字化、预测预警智能化、联动指挥精准化等，从而提高风险监测预警能力，保障应急指挥和智能决策分析，优化资源统筹，为宁波智慧城市建设保驾护航。

案例六：云南省丽江市——智慧丽江城市大脑

百度智慧城市秉承“平台+生态”的发展战略，从城市“生命体、有机体”的全局出发，充分发挥百度在数据、技术、生态和安全等方面优势，全面推动城市数字化转型升级。百度助力打造的丽江城市大脑，为城市管理业务提供数据支持和 AI 赋能，提升城市综合治理水平。城市大脑按“1+1+4+N”架构设计，围绕打通业务数据、建设 4 大中台及市级指挥中心、市直部门及区县级分中心，实现综合指挥调度、决策分析及资源共建共享共用。目前，“智慧丽江”城市大脑已初步实现党建政务、文化旅游、社会治理、生态环保、公共服务等多个智慧化场景应用落地，让线上数据跑得更顺畅，让线下管理更科学。

案例七：湖北省武汉市——武汉云

华为基于“一城一云”的理念，以“云网合一、云数联动”为构架，建设全国首个城市云“武汉云”。武汉云通过打造城市运行管理中心、数字经济赋能中心、数字人才培养中心、科技创新孵化中心四大中心，全面赋能政府管理、惠民服务、城市治理、产业创新、生态宜居等重点应用领域，支撑智慧城市实现实时感知、高效研判、精准治理。在湖北省和武汉市委市政府的指导推动下，华为能够支持更多的业务迁移到武汉云，协同构建武汉全场景业务体系，并完善城市数据治理体系，形成成熟的持续运营模式，实现城市数据赋能城市产业发展，各方共同努力将武汉云打造成为全国城市一朵云新范式。

案例八：颐和园——智慧云平台

联想为颐和园搭建智慧云平台，建设智慧化、人性化、综合性、系统性、有效性的颐和园智慧管理和服务体系。联想借助知识图谱、智能匹配、智能推荐等 AI 技术，通过大数据深度学习的“魔方”AI 机器人，为颐和园的建设和运营提供更优质的智慧服务和数字体验。整体工程围绕智慧旅游、智慧管理和智慧文旅三期，智慧旅游主要面向游客，以游客服务中心为核心，为逐年递增的游客提供更优质的文化服务和数字体验；智慧管理主要面向景区，提供园区管理优化智能工具，提升景区管理效率和能力；智慧文旅则面向产业，实现文化创新与文物保护，推动中国传统文化的全人类共享。借助联想的领先科技，智慧颐和园的打造将使得这座中国最大的皇家园林博物馆插上科技的翅膀，释放更大的人文力量。

案例九：南京市六合经济开发区——以城市大脑和数字孪生城市为核心

神州控股以“城市 CTO”角色深度赋能城市智慧化发展和数字化转型，帮助合作城市建设城市数据中枢和数据平台，建立城市数字生态网络，链接城市、企业和市民，快速推进以城市大脑和数字孪生城市为核心的新型智慧城市建设。在南京市六合经济开发区，神州控股运用数字孪生、物联网、云计算等技术，帮助园区在信息化建设方面构建统一的业务管理平台和对外服务平台，为园区管理者以及企业提供创新管理与运营服务。其中通过数字孪生技术打造的园区驾驶舱，对企业管理、园区管理、智能交通、基础设施等领域进行管理决策支持，进而实现园区智慧式管理和运行。

案例十：内蒙古自治区呼和浩特——呼和浩特城市大脑

呼和浩特市在建设新型智慧城市的过程中充分借助了“以人为本”理念，在全面参考城市特点的基础上，关注城市的生活者、城市的治理者和城市的生产者，为城市量体裁衣，瞄准城市治理关键场景，推动构建城市治理的核心体系，以一网统管实现城市的数智化治理。其联合呼和浩特布局的智慧城市项目，通过“1+4+N”体系构建的基础框架，建立健全大数据辅助科学决策和社会治理的机制，推进政府管理和社会治理模式创新，实现政府决策科学化、社会治理精准化、公共服务高效化。以“立足首府、站位全局、服务全区”为出发点，呼和浩特的智慧城市建设全面开启。

【案例解读】

通过以上十个案例，我们可以看到，大数据给城市发展、转型以及实现便捷的公共服务带来了巨大发展空间。然而，大数据的应用离不开互联网、物联网、云平台等信息化技术的支撑，更有赖于智能化终端的普及。一切基础设施的建设，包括铺设网络、布置传感器、搭建系统平台、实现数据全采集等，无疑都需要庞大的资金投入。无论是政府支持，还是企业市场运作，对智慧城市建设而言，都是必不可少的。做好处智慧城市建设，应当注意以下问题：

1. 开放政府数据

在中国，政府掌握着最齐全、最庞大与最核心的数据，各级政府积累了大量与公众生产生活息息相关的数据，如气象数据、金融数据、信用数据、电力数据、煤气数据、自来水数据、道路交通数据、客运数据、安全刑事案件数据、住房数据、海关数据、出入境数据、旅游数据、医疗数据、教育数据、环保数据等，是社会上最大的数据保有者。

在保证有效监管的前提下，政府有层次有选择地加大数据对外开放，引导企业挖掘数据的潜在价值，探索商业与应用模式的创新，有利于保障市场的良性竞争，实现优胜劣汰，推动大数据应用的健康发展，锻造出真正能被市场所接受的、为政府与居民创造价值的、优质的大数据应用模式，实现政府大数据资源的高效、高质量利用。同时，政府数据开放也有利于公众参与城市管理和监督政府，进而改善公共服务。

2. 重视差异性，避免同质化

每个城市在智慧城市建设中有不同的侧重点，按照不同的领域维度和时间维度，使政府资源的配置更趋合理，实现了由社会管理向社会治理方式的转变。

城市发展战略直接影响城市建设和智慧城市的发展模式。中国的城市化和大数据应用，在学习国外先进技术与经验之时，要注重城市文化保护，切忌丢掉自己的独特风格，千城一面，被商业利益牵着鼻子走。

3. 强化顶层设计、统一管理

智慧城市的建设，不是简单地投入资金、大力推进信息化建设、搭建时髦的应用平台，就能代表其发展水平与结构，它需要系统、深入、细致、普遍地考量城市经济、政治、历史、地理、文化、社会、生态文明等因素，以文献调研和社会调查数据分析相结合的方式梳理城市的发展脉络，深入细致地考评一个城市的发展状态，挖掘城市的特点，挖掘城市人的禀性，概括出城市的文化精髓和灵魂，为未来发展的模式与方向提出决策性指导。

建立统一的智慧城市管理机制，以人文城市为目标与落脚点，以实现关键成果指标为途径改善城市生态系统，以标准化的共享数据、商业分析工具及便于操作的数据门户作支撑，确保管理机制顺畅运行。这一建议也是智慧城市建设的可行之策。

4. 多元合作

智慧城市建设是一项浩大的工程，不仅需要政策支持，还需要大量资金。先进的科研、技术的应用则需要政府、商业公司、科研机构和社会公众的广泛参与。当前，在国内外的智慧城市建设中，基础设施建设主要是以政府投入为主体，辅以与实力强大的商业公司合作；战略规划与顶层设计是请商业公司、科研机构和智库进行，以确保方向的正确与实践的成效。总之，只有社会各界的广泛参与，才能推动智慧城市的蓬勃发展。

第九章　智慧旅行社

第一节　观察智慧旅行社

智慧旅行社是在智慧旅游的基础上提出的，可以理解为利用云端计算、物联网等新技术，通过互联网或移动互联网，借助便携的终端上网设备，如iPad、手机等，将旅游资源的计划和组织、游客的招揽和安排、旅游产品的开发和销售以及旅游服务等旅行社各项业务及流程，高度实现信息化和在线化、智能化，达到高效、快速、便捷和低成本规模化运行，创造出游客满意和旅行社企业盈利的共赢格局。

在智慧旅游尚未出现的时代，旅游是游客去一个相对来说比较陌生的地方，大多数人为了方便和安全，都会选择跟团的方式出行。传统旅行社的职责是规划路线、统计游客信息等。但随着智慧旅游时代的到来，智慧旅游推动着旅行社逐渐以产品为中心转向以顾客为中心。单一不灵活的旅游路线已经无法满足游客。越来越多的年轻人渴望个性化、专属化的出行路线。在智慧旅游时代，游客可以直接利用智能终端自助完成从出游前的信息收集整理、线路规划、门票购买、食宿安排到出行的导航、导游、导览等整个旅游过程。智慧旅游增加了游客的自我选择权，这使得通过网络预订旅行社产品的游客数量急剧减少。这无疑给旅游业的发展带来了巨大的挑战。

尤其是后疫情时代，用户的消费习惯在改变。旅行社必须做出智慧型的改变，要迅速转型，充分运用信息化、智能化、数据化方式提升旅游服务便捷度、旅游信息可得性、旅游供给精准化、旅游需求匹配度，提供高品质的旅游保障和安全把控。这可以为游客带来比较好的旅行体验，使游客感受到旅行的愉悦感。

旅行社属于服务型企业，服务是其核心。在信息化背景下，旅行社通过与信息化、智慧化相结合进行服务创新使旅游消费者感受到不同于从前的服务，包括新的服务体验、新的服务方式、新的服务内容、新的服务技术手段等，全面提升旅游服务的效率和专业水平，从而在智慧旅游的大背景下，提高自身竞争力，在激烈的市场竞争中占有一席之地。

一、旅行社智慧化案例与解析

【案例一】

浙江新世界国旅

早在2004年，浙江新世界国旅便在全行业内率先搭建起了一个用来收集处理用户基本信息的操作平台，即企业资源计划（enterprise resource planning，ERP），这是建立在信息技术基础上，集信息技术与先进管理思想于一身，以系统化的管理思想，为企业员工及决策层提供决策手段的管理平台。旅行社ERP系统涵盖销售管理、计调操作管理、线路资源管理、报价体系管理、行为识别系统（BI）商业智能、客户关系管理、协同商务、分销资源管理等。这个操作平台为如今的大数据运用提供了数据保证。随着操作平台中的数据越来越多，技术不断优化提升，旅行社利用这些用户数据可以清楚地了解到游客何时在旅行社报团出行、至今在本旅行社参团几次，每次参团的消费金额，通过对这些数据的分析，便可轻松判断用户的消费水平、消费习惯。浙江光大国旅数据来源主要是通过收集会员用户的信息，当然这些数据也会更多地服务于会员用户。在出行前，一些游客会在浙江光大国旅的官网上进行注册，成为会员。在这一过程中，就能收集到用户的姓名、现居地、电话等基本个人信息。同时，浙江光大国旅在注册页面设计了出游习惯、出游方式等一系列问题。

【案例二】

中青旅

中青旅是我国第一个引进ERP系统的旅行社。目前其管理系统主要包括的是智慧业务系统和智慧管理系统，智慧业务系统是指从产品的开团、销售到财务的集成处理，主要包含连锁门市预订、销售系统、联盟/同业销售系统、国内团和出境团操作系统、单团核算系统、入境游子系统、财务系统，等等。例如，送签系统系统化解决了签证订单和客户资料，实现资料整理归档及流程系统化管理。该ERP系统支持图片处理、护照信息读取、自动生成签证文件、自动批量下载许可证，最终实现智能控制下发证件。

【案例解读】

随着信息技术的不断发展，大数据技术在旅行社业已经开始大量应用。旅游业中的产品分配与服务方式因信息技术的发展而发生变化，所以作为传统旅游供应链中主导地位的旅行社地位在不断弱化。基于ERP系统升级，开展数字化和智慧化建设，是旅行社升级改造的基础。

旅行社的智慧化发展有很多途径，例如，应用AR技术的虚实融合、实时交互、3D定位三个特点，在实际旅行社服务应用中可以实现精细化导游改造。相比于传统的GPS导航，AR技术可以运用虚实融合、实时交互、3D定位等技术实现即时导航，避免游客迷路。同时，旅行社可以按照自己的产品来应用AR技术，将空间成像和图像识别技术相结合实时提供导览服务，升级产品。游客启动AR设备扫描特定物体就能查看虚拟的故事化信息。

旅行社还可以使用电子印章技术，以先进的数字技术模拟传统实物印章，其管理、使用方式符合实物印章的习惯和体验，其加盖的电子文件具有与实物印章加盖的纸张文件相同的外观、相同的有效性和相似的使用方式。在旅游电子合同中，电子印章技术可在旅游电子合同及内外部各类文件或其他单项中应用。例如，旅游电子合同，完全可以实现电子版的旅游合同签订，采用电子签名技术，让旅行社和旅客对电子旅游合同文件进行电子签名，形成具有法律效力的电子合同文件。电子合同一般是PDF文件的形式，包含完整的合同内容、签署人的签字/盖章效果、签署人的合法电子签名信息。

二、智慧业务

在还未进入信息化时代，传统旅行社的旅游公共服务存在公众参与度较低和获知信息方式有限等问题。随着时代的进步和科技的发展，旅游信息发布不够及时和全面，没有全面掌握游客需求，游客通过网站查询所需信息时也不够便捷，效率低下等问题。旅游信息技术的不断应用和在线旅游市场的蓬勃发展，崇尚出境游、精品游的高端群体，普遍会选择智慧旅游的方式。因此，旅行社的传统主导地位被削弱，这些对传统旅行社提出了新的挑战，传统旅行社必须适应新形势下市场发展的需求，顺应智慧旅游的发展规律，调整自己的角色分工和定位，因势利导地创新转型，构建“互联网 +”新型发展模式，提高信息化水平，采用“移动 + 互联”的方式，向智慧旅行社转型，将线下与线上结合发展，实现智慧旅游服务、智慧旅游营销和智慧旅游管理，才能更好地满足游客需求，提升旅游服务满意度。

旅行社智慧业务包括旅行社线上的产品策划与发布、产品销售和游客服务等。智慧旅游背景下的旅行社趋向便捷化、人性化与多元化。与旅行社传统的电视、报纸、电台等营销方式相比，智慧旅游技术使得旅游企业更偏向利用网络来营销产品，形成博客、微博营销、短信平台营销、线上虚拟营销等营销方式。这些营销方式不仅弥补了传统营销方式覆盖率低、信息存储时间短等缺陷，而且大大降低了旅行社的运营成本。

（一）旅行社线上的产品策划与发

旅行社可以通过信息系统实现旅游产品的在线设计、策划、发布及路线管理；还可以通过线上线下等多种销售渠道向门市、门户网站、代理人等发布产品信息来完成产品的策划与发布；还要加强横向联合的力度，如预订门票、预订酒店等要充分利用网站平台中的信息资源，从而达到节约成本的目的，为旅行社创造良好的经济效益。

（二）产品销售

对于智慧旅行社的产品销售，旅行社可以借助大数据和相关社会化平台、网站、网络营销工具、电子商务等渠道，运用各种在线方式及新媒体进行营销活动。通过大数据库分析，针对目标客户采取在线个性化营销，提供在线个性化的旅游产品电子说明书，提供在线个性化产品定制服务，同行分销与订单结算，信用卡和其他网上银行支付，在线完成电子合同的填报查询与分类管理，等等。例如，在智慧旅游背景下，旅行社发展以网络营销为主要经营模式的电子商务，将旅游产品信息实时更新发布到网站平台上，还可以实现在线交易、在线预订等各项业务，有利于最终实现旅行社和网站平台的高度融合，促使两者提供的服务可以相互转化，从而不断改善旅行社的服务，提高旅行社在激烈市场环境中的竞争能力。

（三）游客服务

智慧旅游时代的到来，游客的旅游需求更加的多样化，游客获取旅游信息途径更加多样化。旅行社向旅游消费者提供个性化的旅游服务，如旅游咨询、交通服务、食宿服务、路线告知服务等。在智慧旅游背景下，传统旅行社可以把自由行产品作为重点业务进行销售，以先进的网络技术作为基础手段展开销售，发挥传统的资源配置和资源采集的优势，让游客自主选择和组合游客选定自己喜欢的旅游线路、旅游产品。因此，旅行社要从游客需求出发，设计个性化旅游产品，注重游客体验，形成差异化服务竞争战略，做到人无我有、人有我新、人新我优。

三、智慧管理

在现代大数据环境下，为了实现资源的合理配置，不断创新旅游管理模式已成为必然趋势。智慧管理是借助大数据和互联网平台通过整合供应商管理、订单管理、团队管理、内部管理进一步形成的新型管理模式。相关部门可以不断推动旅行社内部数字化、智能化管理，赋予旅行社更多的“智慧”，为旅行社的转型升级创造更多便利条件。智慧管理正是基于此提出的。

（一）供应商管理

旅行社结合组自身的优势通过供应商管理系统实现对供应商的资格、价格及合同管理，实时与景区、饭店、交通工具形成在线资源采购和结算同步对接，实时与保险公司旅游线路保险产品实现同步对接。运用大数据技术，收集景区、饭店等商家的服务情况，通过科学评估，排除服务质量不高的商家，从而为广大游客树立良好的对外旅游服务形象。

（二）订单管理

旅行社可以通过在线办公的方式实现在线电子预订订单和电子订单的流转，通过使用电子预订订单收集客户信息，形成数据库，归纳游客偏好，及时对旅游产品进行创新，增加游客的获得感、满意度；通过对各类状态电子订单的管理，形成订单数据库；通过门店管理系统实现电子行程单的在线监控，在线监管导游任务，简化办事流程，提高办事效率。

（三）团队管理

旅行社通过团队管理系统可以实现团队即时信息的管理查询统计、导游领队的在线审核查询监管和在线调度，实现旅游大巴的即时信息掌控和管理等。旅行社通过这一系列团队管理系统使游客得到最佳体验感。出游前，旅行社可以通过网络为游客提供相应的旅游路线；出游时，游客可以通过智慧交通系统避过交通高峰；出游后，游客可以通过旅行社的售后平台对导游和整个行程进行信息反馈。

第二节　智慧旅行社的建设实践

一、智慧旅行社的建设

（一）智慧旅行社建设条件

旅行社作为旅游活动的主要组织者和具体执行者，也是旅游业的展示者，发挥着引领和带动作用，是拓宽旅游市场、优化旅游产品的重要保障。在“互联网+”的时代背景下，打造智慧旅行社将是传统旅行社转型升级的必由之路。

现行的智慧旅行社仍需依附于实体旅行社而存在，因此智慧旅行社是在传统旅行社的现有基础之上，拓展了线上运营渠道的模式。传统旅行社的设立条件是：

第一，要有固定的场所。场所的要求为：拥有产权的营业用房，或者租用的、租期不少于1年的营业用房，满足申请者业务经营的需要；营业设施需要有电话、传真机等必要设施设备。

第二，有符合规定的注册资本。注册资本的出资形式可以是现金，也可以是实物、土地使用权等非现金资产。根据现行《旅行社条例》的规定，申请设立从事境内旅游业务和入境旅游业务的旅行社，至少需要有30万元人民币的注册资本。

第三，有必要的经营管理人员和导游。

第四，法律、行政法规规定的其他条件。

在此基础上，智慧旅行社利用大数据、云计算、物联网等信息技术手段打造“线上+线下”旅行社，整合资源提高工作效率，实现售前、售中、售后的智能化实时监控，提高游客满意度并创造良好的旅行体验，提升游客忠诚度，实现传统旅行社的转型升级。例如，以下两种发展模式：

（1）新智慧渠道业务类型。

这种类型主要以当地龙头旅游公司为代表，它们一般拥有线上渠道，能够为游客提供优质的个性化服务，“线上+实体”整合，提高游客满意度，创造良好旅行体验。

（2）传统旅行社的智慧化模式。

在信息化时代，传统旅行社还可以为游客提供个性化、人性化及康养化的服务。从不同角度对游客体验的满意度入手，利用虚拟现实（VR）、云计算等新兴技术，让游客有更加丰富的出行前体验以及准备，给游客带来更多选择。

（二）智慧旅行社建设方式

从目前已有的新科技在旅行社业的应用与发展来看，旅游产品主要呈现下列五个趋势：

第一，便携化。旅行社产品的购置与服务最好能够通过便携的设备完成，目前最重要的设备就是智能手机了。产品提供者利用网络的渠道，以小红书、微博、抖音、微信小程序等形式为消费者提供选择产品的界面，并可以通过其持有的便携式智能设备进行产品的选择购买、结算等。

第二，智能化。无论是在产品的选购、结算方面，还是其他科技产品的应用方面，都呈现简单化、便利、智能的特征，消费者无须通过客服介绍了解，自己就可以便利地操作和实施。

第三，体验化。利用高科技设备的支持，消费者可以更真实、刺激、便利甚至远程地体验各种旅游服务。

第四，个性化和自助化。新科技在旅游产品的应用使得消费者按照个人的嗜好进行旅游活动有了可能，并日益便利。

第五，管家化。在个性化自助化旅行日益普及的情况下，旅行者对旅行指导的需要大大增强，通过微信小程序、自主开发App等平台，旅行达人（管家）可以远程为自助旅行者提供实时的顾问服务。

根据旅行社的主要业务流程，智慧旅行社建设主要表现在旅行社线上平台建设、旅行社内部管理、便携终端建设等方面。

1. PC 平台

现阶段，旅游企业面临着日益激烈的市场竞争。旅游企业需要科学的建设智慧旅游平台，提升企业知名度，为旅游者提供信息咨询服务，并支持后台运营。

智慧旅行社建设需涵盖智慧旅游的要求：

(1) 通用要求。

旅行社通过“云计算”技术实现海量数据存储与处理并对旅游平台进行科学决策和科学管理；通过科学应用云服务平台了解游客的需求变化，提供及时有效的旅游信息咨询；同时，旅行社平台应能及时明确旅游行业发展状况，助力旅行社及时调整自身经营方向。

(2) 质量要求。

旅行社线上平台需要通过国家产品质量安全的信息平台认证，采集海量信息，并进行加工、处理，了解游客的出游动机、消费层次、年龄结构、旅游方式偏好和旅游地点偏好；利用“物联网”技术提供全程、动态、互动的服务，为游客提供更加优质的服务。

(3) 服务要求。

旅行社使用“物联网”技术，实现旅游应用的线上、线下融合，形成多部门集成和一站式服务，把旅游产品信息进行整合推送；通过移动通信向以散客为主的游客提供多样化用户终端服务和技术保障的同时，处理游客预订、咨询、投诉，从而提高整体服务水平，提高整体素质，为游客提供最佳的服务体验。

2. 内部管理

(1) 建立仓库管理系统。

旅行社根据需求设定材料采购数量和种类，对物资进行智能化管理，减少资源闲置；与餐饮、景点、酒店、交通等达成合作协议，减少采购成本。同时创建质量评级机制，严格材料质量管理，及时处理过期、损坏、不达标材料，从而保障人员、产品、安全、服务的质量要求。

(2) 建立评价系统。

说明的评价系统包括游客对导游人员、对旅行社的评价体系与旅行社对游客的表现评价与信用评估。旅行社及时在游客游览活动完成时收集游客提出的针对性评价，有助于旅行社对游客信息、对员工服务进行管理。

通过多媒体体验分享系统，游客在旅行过程中可以随时通过视频、图片等形式分享、展示良好的旅游服务；通过售后评价系统，游客可以对导游人员的工作态度、专业能力等进行评价，对旅游企业的管理安排进行反馈，将评价与反馈信息录入个人档案库，核查并及时改进。

(3) 建立游客信用评价系统。

游客信用评价来源于两个方面，一方面是导游人员与同行人员的主观评价，在服务结束后，员工进行工作总结，对游客与自身表现情况进行反馈，旅行社查实后录入客户信用系统；另一方面来自游客信息系统的客观数据记录，依据为购买次数、购买金额、是否有违约记录等，通过信用体系的建立，合理规范游客的旅游行为，保障游客和旅行社双方的利益。

(4) 使用OA系统。

通过OA系统，旅行社可以与各地区、各区域的分社进行信息的交流，工作协调与合作。在“互联网+”时代，旅行社内部员工可以在网络上查找相关的信息资料、市场行情，与现有或潜在的客户、合作伙伴进行联系沟通；另一方面，景区、酒店、饭店等企业可以通过网络访问你对外发布的企业信息，如旅行社简介、产品/服务等信息，从而起到宣传介绍的作用。OA系统能够为旅行社管理人员提供良好的办公手段和环境，使之准确、高效、愉快地工作。

3. 客户和管理的便携手机端

游客端是5G智能型手机的应用程序，拥有集地点查询、紧急求救、行程表查询、额外行程查询、汇率兑换、实时投诉等于一体功能，并且能够定时抓取GPS信息回传给旅行社后台。它能帮助游客解决在旅行途中经常会遇到的问题，如迷路、受伤、遭窃、忘记后续行程、遇到纠纷，等等。

导游领队终端是5G智能型手机的应用程序，它拥有游客清单、行程管理（设定集合地点、行程表查询）、危机管理（紧急求救、寻找附近警察局、寻找附近医院）、住宿餐厅查询（查询合作住宿餐厅、查询附近住宿餐厅）、额外行程管理（设定与查询）等功能，并且它能够定时自动获取GPS信息回传给旅行社，能帮助导游领队处理带团过程中发生的意外状况，例如，饭店客满、游客受伤、失窃、额外行程、集合前的不便，等等。

旅行社端是云端网站，拥有前台（查询行程、订购行程）、后台（游客信息查询、游客GPS查寻、旅行团GPS追踪、紧急求救系统、游客实时投诉管理）等多项服务，让旅行社可以方便管理整个出团情况。

二、智慧旅行社管理平台

智能化技术正在得到越来越广泛的运用。智慧旅行社管理平台作为对接旅行社的重要环节，可以运用智能化技术来提高便捷性，实现转型升级、资源共享、信息互通、数据统一。

一是各旅行社实现互通，使资源共享、信息互通；二是智能化技术打破了各个旅行社之间的信息壁垒；三是找到旅行社与智能化技术及智慧旅行社管理平台融合的具体操作方法。以上方式协同推动旅行社管理平台的智能化转型。

（一）现有平台存在的问题

1. 旅游公共服务功能严重“缺位”

旅游公共部门及相关非营利组织具有提供准公共服务性质的旅游产品和服务的职能责任，有的地方也设立了旅游集散中心、旅游咨询服务中心等，但是实际上，这些部门或组织在提供旅游者共同所需服务的功能方面仍然严重的缺位。有关部门对提供怎样的旅游公共服务以及如何提供等问题重视不够，没有制定相应的制度和规则，缺少制度保障，这些都影响了旅游业公共服务水平的提高。

2. 信息建设不成大系统，智能化不足

目前我国的各个旅游产品供给主体，尤其是网络型发展模式旅游组织的重复建设和浪费现象严重。各种旅游产品供给总量上过剩，但结构上却呈现出不足的状态，智能整合各种信息的能力也很差。突出表现为旅游者的个性化定制服务能力的不足，只能提供单向的旅游资讯和产品信息，如交通、天气、景点、酒店等一般的旅游信息，而不能反向根据旅客的需求进行个性化定制服务，智能化程度和智能服务水平还不高。

因此，构建旅行社智能化管理平台，新技术不能缺席。要积极利用大数据、云计算、物联网、区块链、人工智能、5G 技术来助力旅行社智能化管理平台的构建，借以全面优化现有的旅行社管理平台运营理念、运作模式、平台建设与发展方式，全面聚合信息、通信以及行政能力等资源，以更为便捷、有效的方式去解决各类事务问题，并开辟更为新颖、多样性的管理方式与运营模式。有效提升旅行社管理平台的综合水平，推动旅行社管理平台的信息化、智能化、集约化、高效化发展。

（二）建设智慧旅行社管理平台

在信息技术的高速发展，我们从以前的传统旅游时代已经进入一个新的智慧旅游时代，而政府、旅游管理部门作为智慧旅游的重要组成部分，可以通过建设智能化的公共服务平台，为用户提供更加智慧化的服务，提高政府的办公水平和效率，推动政府管理模式和服务模式的变革，同时为游客和旅游企业提供高效智能的公共服务。

为保证智慧旅游管理平台的整体性和智慧旅行社的高效运行，智慧旅行社和智慧旅游管理平台之间、智慧旅行社各系统之间都必须实现有效对接，使得各系统之间能资源共享、信息互通、数据统一，作为一个整体更好地为海内外游客服务。

1. 旅行社各系统之间的互通要求

在各子系统实现资源共享、数据统一，把旅行社各子系统整合成智慧旅行社统一服务平台。

目前很多大的旅行社都建设了比较完备的网站、内部管理系统，但每个系统之间基本上都是相互独立的。为了更好地发挥智慧旅行社的作用，避免重复劳动和数据混乱现象，必须对旅行社各子系统进行统一规划，有效整合，实现资源共享、数据统一，打造优质高效的智慧旅行社统一服务平台。

2. 与智慧旅游管理平台互通要求

智慧旅行社平台要和智慧旅行管理平台有效对接，实现资源共享、数据统一、统一服务。

第一，智慧旅行社平台必须和智慧旅行管理平台实现对接，做到通过智慧旅行平台发布的信息能同步在智慧旅行管理平台上，这就需要强化跨系统协调机制，增强政府部门间、旅游部门与旅游企业间的协作。相关旅游部门和旅游企业只需在系统内搜索所需的管理对象的信息，即可获取决策所需的可靠依据。在这一过程中，智慧旅游管理平台的应用大大减少了数据处理、整合、传输的成本；丰富智慧旅行管理平台信息和服务；增强了政府部门间、旅游部门与旅游企业间的跨系统协调能力，使传统的跨系统协调机制向着灵活、快速的方向转变。同时，为旅行社的旅游产品开辟新的宣传和预订渠道。

第二，智慧旅行社平台还应与旅游监管部门实现技术对接，实现旅游数据（团队、电子合同、游客和保险）的全面及时上报，配合旅游监管部门在线审批和监管，旅游行政部门和旅游企业、旅游者之间的信息沟通由原来单一路线传递转变为双向传递，完成上下游信息的对接，有利于促进监督机制的运行和反馈效果。

【案例分享】

12301 国家智慧旅游公共服务平台

12301 是国家旅游服务热线，以“语音+微信服务号/企业号+官网+城市服务”全媒体交互形式为广大游客提供旅游咨询和投诉服务，提升游客旅游体验。

12301 国家智慧旅游公共服务平台，2015 年 9 月正式运营，是连接旅游出行者、从业者和监管者的具有公信力的服务聚合平台，是国家部委中第一个以 PPP 模式构建的国家级旅游公共服务平台。12301 平台目前已实现集中受理全国 31 省的旅游咨询与投诉，游客通过拨打 12301 语音电话、12301 微信公众号、微信城市服务、支付宝城市服务、文化和旅游部官网，均可在全球范围内获得 7×24 旅游咨询与投诉服务。12301 国家旅游服务热线还与国内部分省市的 12315、12345 和 12308 中国公民领事保护热线实现信息共享，最大限度地保护旅游消费者的权益。

12301 国家智慧旅游公共服务平台，作为第一个以“语音+微信服务号/企业号+官网+城市服务”全媒体形式提供旅游公共服务的平台，奉行“政府服务市场、大众服务大众”的公共服务理念，具备旅游公共信息发布及资讯、中国旅游产业运行监管、景区门票预约与客流预警、多语种旅游形象推广和国家旅游大数据集成五大功能。

三、智慧旅行社运营观察与实践

旅行社作为旅游活动的主要组织者和具体实施者，是旅游业的窗口，起着龙头带动作用，它是启动旅游市场和优化旅游产品的重要保障。在互联网向物联网转型这一大背景下，智慧旅行社将成为旅行社转型升级的必经之路。

智慧旅行社将最新互联网、物联网技术和旅行社业务完美结合起来，提高工作效率，实现质量控制（售前、售中、售后）的智能化，为游客提供高品质旅游服务、提升游客忠诚度，顺利实现转型升级的旅行社。

智慧旅行社基本功能有：

1. 面向游客服务：网站服务平台

功能要求：旅游资源展示、公司公告、同业分销、在线客服、在线预订等。

2. 内部管理系统

功能要求：通过“内部办公”“客户管理”“供应商管理”“出团管理”等系统实现旅行社内部管理的网络化和自动化。智慧旅行社应实现对旅游资源供应商的统一在线管理，包括供应商基本信息、要素价格、合同记录及财务信息等。旅游资源供应商主要包括景区、饭店、交通工具以及旅游保险等。

3. 手机客户端

功能要求：线路行程、游客清单、短信群发、行程修改、景区签入、导游和旅行社之间的互动等，为导游带团提供方便。

第三节　智慧旅行社发展

一、智慧旅行社发展趋势

（一）智慧旅行社的发展困境

在智慧旅游的背景下，旅行社的传统业务和经营模式必然会面临巨大的挑战。旅行社在应对过程中，不能盲目地照搬、模仿，旅行社当前还是传统的门店销售的经营模式，在面临智慧旅游的巨大冲击下，由于旅行社信息平台建立不完善，难以满足游客定制化需求，跟团游游客数量明显下降，目前多数旅行社的发展停滞不前，仍在固守原有单一的经营模式，面临经营的困窘。主要困境集中于以下几个方面：

1. 智慧旅游对运营模式单一的旅行社形成强烈冲击

智慧旅游，简单来说是以旅游相关信息为平台，借助现代网络信息技术，分析获得游客的旅游信息，转变为旅行社提供精准化服务的新型旅游模式。而很多旅行社投入较多人力、物力在传统的宣传广告和团队旅游模式中，他们忽略了对传统的旅游线路和旅游景点等旅游产品的二次开发和设计。随着智慧旅游时代的到来，游客的旅游方式和行为更为多样性，游客可以通过旅游网站挑选不同的旅游产品。因此，在智慧旅游市场下，设计一个能够让游客充分自主选择旅游产品的平台对于旅行社来说显得尤为重要。

2. 尚未建立起完善的旅游信息管理平台

大多数旅行社依然停留在传统经营模式上，尚未建立起完善的旅游信息管理平台，与员工、游客的沟通仍以电话、微信为主，旅行社与景区的合作深度不够，仅停留在代理票务层面。它们对营销、宣传、服务等方面重视程度不足，造成游客体验不佳，部分旅行社发展停滞不前的问题。近两年随着携程、同程、驴妈妈等线上企业在线下布局，传统旅行社面临巨大威胁。随携程、去哪儿网等企业推出“全球当地向导”“本地人”等业务，海量的自由行散客与目的地向导直接对接匹配，实现了资源、人和信息的共享，使旅游者得到更加私人化、个性化的体验，旅行社导游业务失去大量市场。

3. 多数旅行社在创新与实效性上较为缺乏

当前智慧旅游日益火爆，越来越多的城市、景区和酒店旅行社均参与到智慧行列之中。而现实是很多智慧旅游项目在创新能力上较为缺乏，具有明显的从众趋势，导致大量人力、物力被消耗，但所取得的成效较低，导致出现资源浪费现象。

4. 多数旅行社线下服务未完善

很多旅行社在提供线下服务时，其所取得的成效较差，就会导致游客对其的满意度下降。即便是近年来的一些智慧旅游产品和管理系统已较为完善，但是在实际提供旅游服务时，往往不能带给游客满意的服务体验。在大力发展智慧旅游的过程中，旅行社更多的是注重信息传递与更新，而对如何提升服务质量则是漠不关心。

（二）智慧旅行社的机遇

在面临挑战的同时也面临着诸多机遇。要想从挑战转型到机遇，就必须在应对挑战的同时抓住机遇。

1. 团队游向自助游转变

以往人们掌握的信息量较少，因此出游时更倾向于选择跟随团队。然而团队游的制约也是比较多的，团队旅游行程一般安排较满，游客虽然早出晚归，但在参观景点时受到时间的限制，也只能是走马观花；用餐大同小异，难以品尝到地方特色饮食；甚至有时还会遇到强制消费等情况。智慧旅游时代到来，游客可以通过网络选择更多灵活的旅游路线与旅游产品，旅游时间更加自由，游客通过电商平台选择适合自己的交通方式、景区、酒店和旅游路线，越来越多的游客正在摆脱旅行社服务模式固化的束缚，转变为自助旅游者。而目前多数旅行社仍未认清趋势，仍然大力推广传统业务跟团游，所推出的旅游线路与过去变化不大，仍以跟团游、观光旅游为主，游客的个性化需求被忽略，未能有效开发高端用户群体，休闲度假旅游产品未能得到有效发展。

2. 线下采购向线上采购转变

互联网技术的进步和移动支付技术的发展，使人们越来越习惯利用手机等终端工具进行消费支付，旅游活动也不例外。移动支付为人们带来了很大的便利，它使以往受制于营业时间和空间的消费活动变得触手可及，随时实现人们的即时欲望和需求。因此旅游消费者如需通过旅行社购买旅游产品，往往更倾向于使用在线旅行社或各类旅游服务平台，传统旅行社如果没有开通线上业务平台，则不容易维持客源。

3. 产业整合加快旅行社转型

随着越来越多的互联网企业在线下布局，传统旅行社以单打独斗的方式难以与加盟式的连锁大型企业抗衡。由于传统旅行社存在规模小、员工流失率高、市场地位较低等特点，其客户规模难以支撑旅行社建立独立的电子商务平台。而互联网企业在供应商体系、服务体系、信息平台方面的优势巨大，其所提供的生活体验、旅游攻略、个性化的交通服务等，也具有明显优势，传统旅行社的市场份额正在被互联网旅游企业吞噬。传统旅行社应改变单打独斗的方式，与互联网旅游企业要从竞争走向合作，或者加盟大型互联网企业从而打破资源、技术等的壁垒，实现资源共享。优化产品组合，实现各旅游企业合作利益最大化，将成为传统旅行社新的选择。

二、智慧旅行社发展模式

随着以携程、去哪儿网等为代表的在线旅行社的崛起，灵活的产品选择、便捷的服务方式深得消费者青睐。在线旅行社不但在线上旅游交易上超越了传统旅行社，近几年来还积极向线下拓展，严重威胁传统旅行社的生存空间。现阶段，在线旅行社不但在自助游领域成为旅游消费者的首选，也逐渐在团队游经营方面发力，不断扩充其国内游、出境游等团队业务。从现有数据看，携程旅游已经成为我国排名第一的旅游集团，无论是自助游还是定制游，其都具有相当的经营优势。而紧跟其后的同程艺龙、去哪儿网、马蜂窝等在线旅游服务商，实力也日益强大，逐渐把一些中小型传统旅行社淘汰。

在信息化、智能化的大背景下，实施“互联网 +”战略、加大在互联网领域的投入，传统旅行社应考虑与多家智慧线上平台联合，改变过去单打独斗的局面。利用“线上+线下”的模式为旅游者提供信息咨询服务，用精细化、个性化、定制化的产品及优质的服务吸引游客；利用内部管理系统进行信息的交流、工作协调与合作；游客通过使用便携终端可以及时了解旅游目的地信息，以及对导游或者行程进行打分评价。同时，传统旅行社可寻求政府有关部门的帮助，以获得资金、技术等方面的必要支持，建立官方旅游信息平台，或与各大景区、景点、酒店共同建立数据共享平台，在游客数量、游客需求特点、景区信息等方面共享数据，从而方便游客出行，减少运营成本，提高服务效率，实现旅游资讯“实时通”。

从2014“智慧旅游年”开始，许多的旅行社紧跟步伐购入了各类智慧旅游的先进设备。例如，中青旅的ERP系统可以让部门、门市、连锁店等实现订单录入、订单查询、订单修改以及业务数据上传等功能。以上数据通过互联网以及系统服务器上传到总部数据库中。网上用户可以实现订单录入、订单查询及订单修改等功能。后台总部数据库主要实现系统管理、订单后台管理、财务管理、大数据分析、订单数据维护等功能。近年来，春秋旅行社在智慧旅游方面的建设主要包括：春秋旅游官网；春航官网；推出行程助手（客户可以通过微信查询自己的行程）；开发“一店通”微店App（客户可以通过手机搜索附近的门店，随时随地可以预订春秋产品，实现24小时不打烊的门店）；推出电子合同；利用VR技术，与景区或机构合作，上海门店推出CLUBMED、黑河等智慧旅游主题体验店，游客可以在主题店进行高度体验和智慧预订，提供无缝旅游服务。

三、未来智慧旅行社运营场景展望

在智慧旅游的大趋势下，为了更好地提高游客的旅游体验，旅行社应注意从以下几个方面入手：①注重旅游产品的创新，并在这个过程中着力彰显人性化的关怀。旅行社要针对具体的人群，致力于设计个性化旅游产品，并时刻彰显人性化关怀，尽可能地实现私人订制和量身定做，从而通过个性化的设计促进自身竞争力的增强；②注重旅游服务质量的提升，虽然景区大多安装了导览器，使得导游的部分工作被替代，但导游在旅行社中又有着十分重要的作用，他们不仅需要为游客提供面对面的服务，而且还是游客与旅行社沟通的桥梁。而在提升导游服务质量的基础上，就需要强化售后服务管理；③打造自身的官方网站和App，切实强化产品、业务和服务的宣传。在线与游客进行旅游产品互动设计与实时报价，处理好游客的各种质疑。

智慧旅游将会带来整个旅游业管理和服务能力的升级，利用现代网络信息技术，游客对旅游信息依赖程度逐步提高，游客的需求更为多样化、个性化。在智慧旅游市场的大背景下，这将促使旅行社革新管理营运模式，转换营运思维，挖掘和分析大数据信息，注重人性化服务和个性化服务，加强旅行社产品创新，吸引更多的旅行者，同时强化信用管理能力和品牌影响力，建立良好信誉，开展多元化营销策略，整合共享多方面资源。合作与共赢是企业之间生存的准则，通过数据共享，旅游企业可以更大范围地收集终端数据，分析用户消费偏好，不断优化旅游产品以满足消费者的需求。同时，旅行社还要重视游客的反馈及评价，通过游客的评价与反馈，切实开展营销工作，不断优化、丰富受游客欢迎的旅游产品及服务。智慧旅游市场必然会为旅行社发展输入新鲜血液，为旅行社指出未来发展之路，使旅行社更加适应时代的发展趋势，更好地满足旅游者的需求。

参考文献

1. 刘飘媛，陈丽，曹子谞. 智慧旅游平台功能及应用分析［J］. 电脑知识与技术，2016，12（29）：267-269.

2. 刘鹏飞. 智慧旅游模式下旅行社的未来发展对策研究［J］. 旅游纵览（下半月），2020（2）：26-27.

3. 朱俭，张雨然. 智慧旅游发展与应用分析［J］. 当代旅游，2020，18（31）：44-46.

4. 綦丹. 智慧旅游背景下Y旅行社发展策略研究［D］. 荆州：长江大学，2018.

5. 向芳. 在线旅游合同意思表示错误研究［D］. 广州：暨南大学，2016.

6. 王刚，王炎. 智慧旅游背景下保定市旅行社发展对策分析［J］. 投资与创业，2017（7）：124-124.

7. 彭文静，丁欢欢，凡金琨，等. 新技术条件下旅行社业新业态及创业路径研究［J］. 经济研究导刊，2018（35）：113-114.

8. 林炜铃，朱艳萍. 浅谈旅行社智慧供应链模式的应用创新［J］. 文化产业，2019（18）：1-3.

9. 郭子道，农朝幸. 基于手机界面的传统旅行社网络营销策略探讨［J］. 中国市场，2021（7）：123-125.